科学计量与知识图谱系列丛书

R 科学计量数据可视化

USING R FOR SCIENTOMETRICS DATA VISUALIZATION

李　杰　编著

首都经济贸易大学出版社
Capital University of Economics and Business Press
·北 京·

图书在版编目（CIP）数据

R科学计量数据可视化 / 李杰编著. --北京：首都经济贸易大学出版社，2018.6

ISBN 978-7-5638-2805-0

Ⅰ.①R… Ⅱ.①李… Ⅲ.①科学计量学—可视化软件 Ⅳ.①G301

中国版本图书馆CIP数据核字（2018）第110938号

R科学计量数据可视化

李杰 编著

责任编辑	薛晓红
封面设计	**风得信·阿东** **FondesyDesign**
出版发行	首都经济贸易大学出版社
地　　址	北京市朝阳区红庙（邮编 100026）
电　　话	（010）65976483　65065761　65071505（传真）
网　　址	http://www.sjmcb.com
E - mail	publish@cueb.edu.cn
经　　销	全国新华书店
照　　排	北京砚祥志远激光照排技术有限公司
印　　刷	北京玺诚印务有限公司
开　　本	710毫米×1000毫米　1/16
字　　数	238千字
印　　张	13.5
版　　次	2018年6月第1版　2018年6月第1次印刷
书　　号	ISBN 978-7-5638-2805-0 / G·417
定　　价	48.00元

图书印装若有质量问题，本社负责调换

Preface

We heard about bibliometrics 10 years ago for the first time. In 2008 Corrado was writing a monograph on fast growing firms, a niche theme, which he approached for the first time. Scientific literature was fairly limited. Scholars came from different disciplines with a variety of approaches and methods that made it difficult to cumulate the findings.

We talked about this research problem once during a football match among scholars. Our discussion continued for several days on the various techniques of systematic analysis of literature. We enjoyed the exchange and concluded that bibliometrics was an interesting method and that it would have been fun to explore it together.

Our goal became to examine the intellectual structure of fast growing firms research. We analyzed all the scientific production published in academic English-written journals. The analysis was complex because it required several steps and diverse analysis and mapping software tools, which were often available only under commercial licenses. All the process was unwieldy, from data-collection to data-visualization. Massimo greatly contributed with his statistical and coding skills. Our collaboration continued in moments of fun, such as our frequent football matches. While analyzing data, we discovered that we enjoyed working together. In short, our friendship soon turned into a scientific collaboration that still lasts.

Within our departments and academic communities, the reaction to our work was positive. At that time, few people talked about bibliometrics in Italy, even from the point of view of research evaluation. Years later we presented a bibliometric analysis paper on performance management at the Annual Conference of the Academy of Management, the largest international management meeting. Also on that occasion, we got positive feedbacks that pushed us to persist. In the same years, young Italian colleagues asked us for suggestions for their literature reviews and for their research. Massimo opened some statistical analysis laboratories in R and together we presented the bibliometric analysis at some workshops.

We are telling this story because without these feedbacks and stimuli we would not have published the bibliometrix release 0.1 in 2016. A year later we are at version 1.7, thanks to our growing passion for bibliometrics and to the suggestions that today come from scholars from all around the world.

R-bibliometrix is currently a free tool for quantitative research in scientometrics and bibliometrics that includes all the main bibliometric methods of analysis, easy to use even for those who have no coding skills.

Bibliometrix is a unique tool, developed in the statistical computing and graphic R language, according to a logical bibliometric workflow. R is highly extensible because it is an object-oriented and functional programming language, and therefore is pretty easy to automate analyses and create new functions. As it has an open-software nature, it is also easy to get help from the users community, mainly composed by prominent statisticians. Therefore, bibliometrix is flexible and can be rapidly upgraded and can be integrated with other statistical R-packages. That why, it is useful in a constantly changing science such as bibliometrics.

Today bibliometrix is more than just a statistical tool. It is becoming a community of international developers and users who exchange questions, impressions, opinions, and examples within an open source project. For this reason, we are very honored that Dr Jie Li of the Research center for Safety and security SCITECH trends at the Department of Safety Science and Engineering, Shanghai Maritime University gave us the opportunity to tell you this story and to write an English preface for his book "Using R for Scientometrics data Visualization" that mainly introduces the BIBLIOMETRIX package to scholars and students.

We said that Bibliometrix includes all the main bibliometric methods of analysis, but we use it especially for science mapping and not for measuring science, scientists, or scientific productivity. Synthesizing past research findings is one of the most important tasks in advancing a line of research. Various methods exist to summarize the amount of scientific activity in a domain, but bibliometrics has the potential to introduce a systematic, transparent and reproducible review process. This is very relevant in an age when the number of academic publications is rising at a very fast pace and it is increasingly unfeasible to keep track of everything that is being published; and when the emphasis on empirical contributions is resulting in voluminous and fragmented research streams, and a contested field. Literature reviews are increasingly playing a crucial role in synthesizing past research findings to effectively use the existing knowledge base, advance a line of research, and give evidence-based insights into the practice of exercising and sustaining professional judgment and expertise. The overwhelming volume of new information, conceptual developments and data are the milieu in which bibliometrics becomes useful, by providing a structured analysis to a large body of information, to infer trends over time, themes researched, identify shifts in the boundaries of the disciplines, to detect most the prolific scholars and institutions, and to show the "big picture" of extant research.

Naples, Italy July 2017

Massimo Aria and Corrado Cuccurullo

前 言

当前，我们处于科学文献大数据时代。面对海量的文献我们如何快速地了解一个研究领域、研究方向或者主题的整体格局以及未来的趋势？在此背景下，与该问题直接相关，科学计量理论、方法和技术适时发展，成为解决上述科研问题的一种有效的途径，掌握科学计量相关的技术和方法也成为科研工作者在新时代进行科学研究活动的基本技能。在过去十余年里，科学计量数据可视化的理论与方法已经大量地渗透到其他学科的研究实践中。在国内，这种以科学文本数据为研究对象，通过可视化技术来揭示学科结构、演进和互动的研究领域被统称为“科学知识图谱”。

科学计量数据可视化背后涉及了大量的科学计量学（还包含文献计量学、网络计量学以及信息计量学）方面的基础理论，比如论文的作者生产率分布、论文的共被引、耦合、主题共现以及作者合作等。还包含了统计学和网络科学等方面的技术和方法，比如多维尺度分析、聚类分析、复杂网络分析、自然语言处理和文本挖掘等分析方法。上面的理论和方法构成了进行科学计量数据可视化分析的知识基础，是进行知识图谱分析的前提。在理论和方法的支持下，当前国内外的相关学者已经开发了数十种进行科技文本挖掘方面的软件或者工具包，这些知名的工具包含了 HistCite、BibExcel、CiteSpace、SCI2 以及 VOSviewer 等。这些工具为有意借助领域文献分析以获取学科研究格局和动态的学者提供了可能。

笔者在过去 5 年从事科学计量和知识图谱的实践研究中，相继撰写了关于 CiteSpace、VOSviewer 以及 BibExcel 等方面的书籍，主要目的在于帮助非科学计量学领域的学者快速应用该方法辅助科学研究；从 2016 年开始已经相继组织了 4 次与科学计量和知识图谱相关的活动，与来自国内的数百名知识图谱爱好者有过交流。在交流中，最为常见和令笔者反思的一个问题是：“我得到的图谱结果应该怎样解释呢？”笔者认为科学计量及知识图谱的方法仅仅给我们提供了一种认识知识世界的新方式，但这种认识方式更需要知识图谱实践者结合自身的专业背景和知识图谱的理论与方法去思考。在进行科学计量和知识图谱分析的时候，读者一定要明确自己要解决的问题是什么？以及为什么知识图谱能够解决提出的问题，它与其他方法相比优势在哪里？等等。即在进行科学计量和知识图谱分析之前，一定要确定自己所要研究的问题，然后选择要使用何种知识图谱呈现方式来解决问题。

本书是《CiteSpace：科技文本挖掘及可视化》《科学计量与知识网络分析——基于BibExcel等软件的实践》《科学知识图谱原理及应用——VOSviewer与CiteNetExplorer初学者指南》的姊妹篇。与前面这些知识图谱工具不同的是，本书详细介绍了意大利那不勒斯菲里德里克第二大学（University of Naples Federico II）经济与统计系Massimo Aria和Corrado Cuccurullo基于R语言开发的BIBLIOMETRIX工具包（Version 1.6和1.7）[1]。该R工具包基本上涵盖了进行科学计量和知识可视化的功能（图0.1），可以满足爱好R软件，并试图使用R软件进行科学计量和知识图谱分析的读者。在此基础上，对与科学计量与知识图谱相关的一些R工具包，如rAltmetric、wordcloud2、gender以及tidytext等进行了介绍。本书对使用R软件进行英文全文本挖掘进行了很少的介绍，对中文全文本挖掘尚未涉及。在今后的更新中将对使用R软件进行全文本挖掘进行适当的完善。

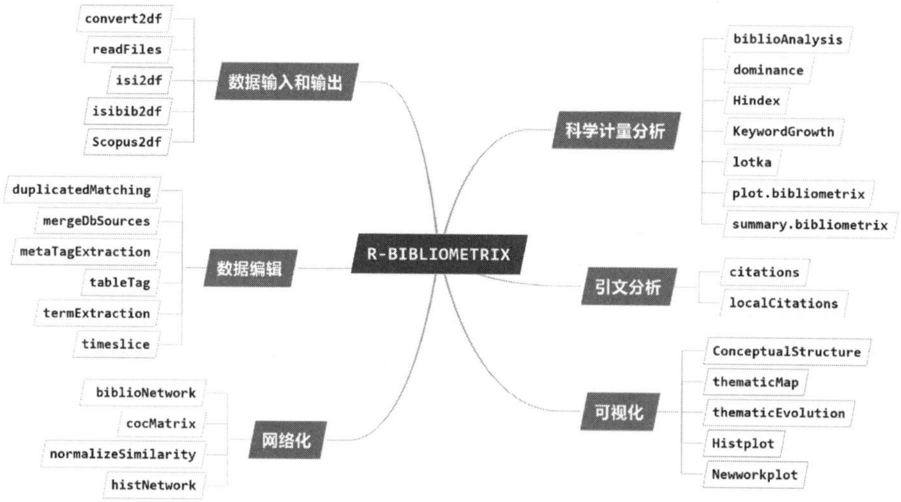

图0.1　bibliometrix功能概览

为了便于读者熟悉bibliometrix工具包，大多数的案例运行采用了工具包自

[1] 读者在应用时，建议通过提供的链接来检查是否为最新版的BIBLIOMETRIX，在实际的研究中尽可能地使用最新版来对数据进行分析。BIBLIOMETRIX-R Package for Bibliometric and Co-Citation Analysis http://www.bibliometrix.org/

带的数据，一些案例专门下载了 Web of Science 和 Scopus 数据集进行了分析。案例中呈现了所分析的结果，但并未就结果进行描述性或者带有特定研究目的的解读。通过对这些结果的学习，读者可以自己去思考可以做些什么？或者至少可以通过这种方法了解自己所关注领域的基本情况。

本书在撰写中有如下约定：

```
> 后为代码
# 为代码的说明
## 为代码运行的结果
```

感谢 Massimo Aria 和 Corrado Cuccurullo，他们在本书写作过程中给予了大力帮助，并为本书撰写了英文序言。感谢首都经济贸易大学出版社杨玲社长在科学计量与知识图谱系列丛书出版中的极大支持，感谢中国科学院李彬彬博士在提取子矩阵问题上的帮助，感谢滑铁卢大学博士后于淼对文稿提出的修改建议，感谢本书的责任编辑薛晓红以及研究生李平对本书的编辑和详细校对。

回首自己在科学计量和知识图谱研究与实践上的经历，感受五味杂陈。衷心地期望本书及相关系列丛书能进一步促进科学计量与知识图谱实践研究在国内的发展和普及，并使每一位读者受益。

李 杰

2018 年 5 月于北京

目　录

第 1 讲

R 基础

1.1 R 下载

问题

如何下载 R 软件[1]？

方法

第 1 步：登录 CRAN 网站[2]，在主界面中点击 CRAN 链接（图 1.1），进入 R 的下载镜像链接。例如这里选择在中国的镜像链接来下载 R（图 1.2）。

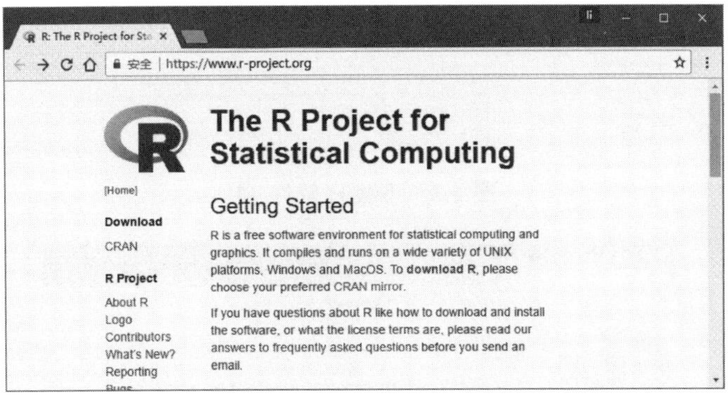

图 1.1　R 软件的下载主页

❶ R 语言是基于 S 语言开发的，S 语言则由贝尔实验室 John Chambers 和其同事于 1976 年共同开发。在 20 世纪 90 年代初，Ross Ihaka 和 Robert Gentleman 开发了 R 语言。

❷ R软件下载：https://www.r-project.org/；CRAN 是 Comprehensive R Archive Network 的简写，是拥有同一资料，包括 R 的发布版本、包、文档和源代码的网络集合。

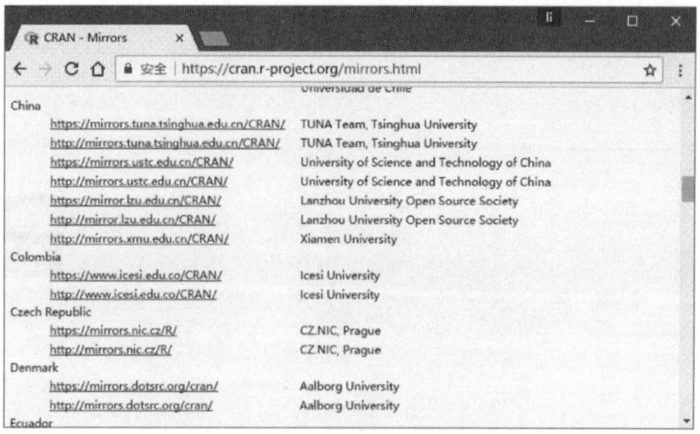

图 1.2　R 下载的镜像文件

第 2 步：在 Download and Install R 中提供了 Mac 和 Windows 版本的 R 软件。此处我们使用的电脑系统为 Windows，因此这里选择 Download R for Windows（图 1.3）。在接下来的界面 R for Windows 中点击 install R for the first time（图 1.4）。

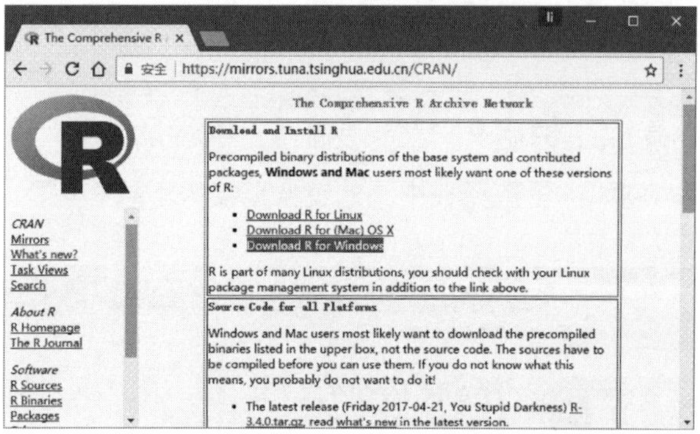

图 1.3　下载 R 软件 –1

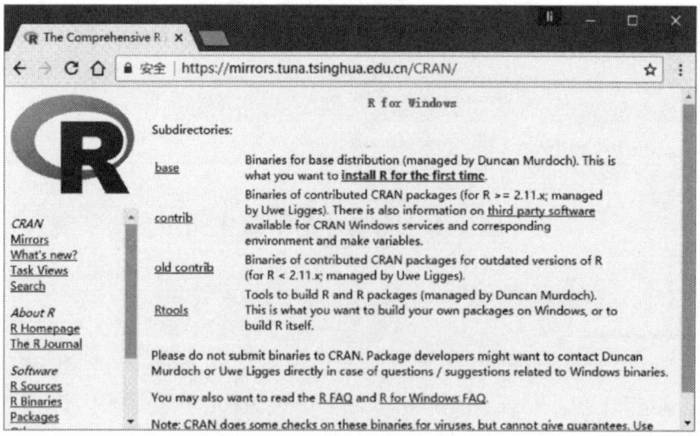

图 1.4　下载 R 软件 –2

第 3 步：本次下载 R 时的最新版本为 R-3.4.0 for Windows（图 1.5），在页面上点击 Download R 3.4.0 for Windows (76 megabytes, 32/64 bit) 即可下载 R 软件。

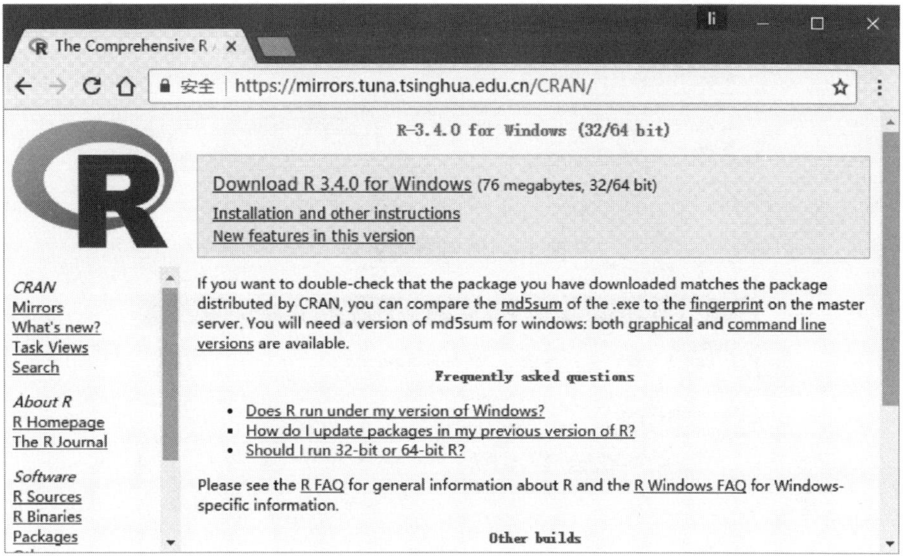

图 1.5　下载 R 软件 -3

1.2　R 安装

问题

如何安装 R 软件？

方法

双击所下载的 R-3.4.0-win.exe 安装包，并点击确定（图 1.6），进入 R 的安装向导。在"欢迎使用 R for Windows 3.4.0 安装向导"中点击下一步（图 1.7）。对初学者，若对软件没有特别的关注和要求，可以连续点击"下一步"直至软件完成安装（图 1.8）。

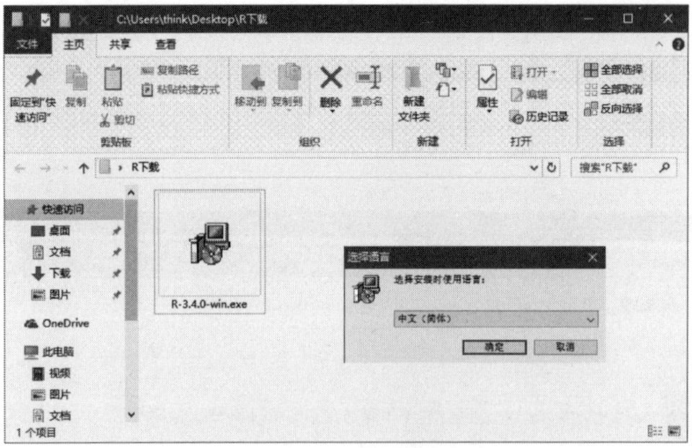

图 1.6　R 软件的安装

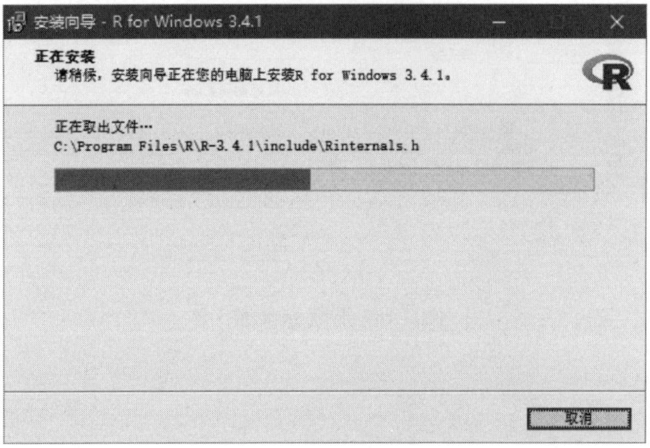

图 1.7　R 软件的安装进程

图 1.8　R 软件安装完成

1.3 Rstudio 安装

问题

如何安装 Rstudio？

方法

为了更好地使用 R，建议在安装 R 之后下载 Rstudio[1] 进行安装。安装 Rstudio 后，在以后的 R 使用中，相关操作可以在 Rstudio 中进行。

在 Rstudio 中基本包含了 4 个界面（图 1.9），左上角为代码界面，在这里写好代码后，点击 Run 即可运行所选择的代码；左下角为代码运行的过程窗口；右上角为代码环境和代码运行的历史界面，可以显示代码运行的基础结果和数据情况(例如数据的记录数和变量数)；右下角包含了绘图结果、软件包及其帮助界面。

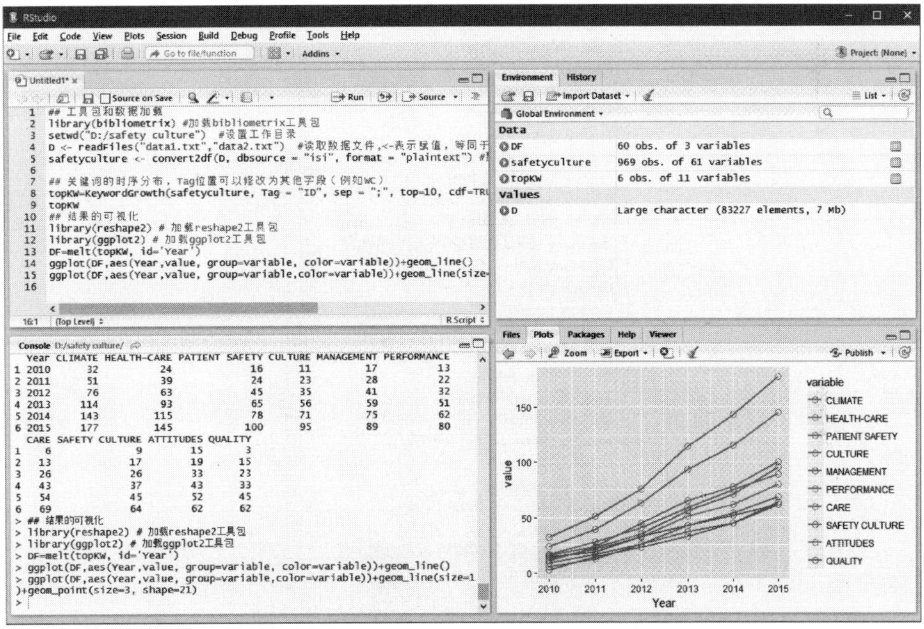

图 1.9 Rstudio 界面

[1] R Rstudio 主页：http://www.rstudio.com.
RStudio 的前世今生——RStudio 创始人专访 . https://cosx.org/2016/11/interview-j-j-allaire/.

1.4 安装包

问题

如何从 CRAN 安装 R 工具包?

方法

在 R 中使用 install.packages( ) 函数来安装工具包，括号中为要安装工具包的名称。在安装时，会提示用户选择安装镜像文件的位置，建议选择距离自己近的镜像（图 1.10）。若要保证所下载的工具包为最新版，可以选择 CRAN 的主服务器站点 Austria。

图 1.10　R 工具包镜像文件位置

例如，这里以安装 ggplot 画图工具包为例（图 1.11），在窗口中输入：Install. Packages ("ggplot2")。

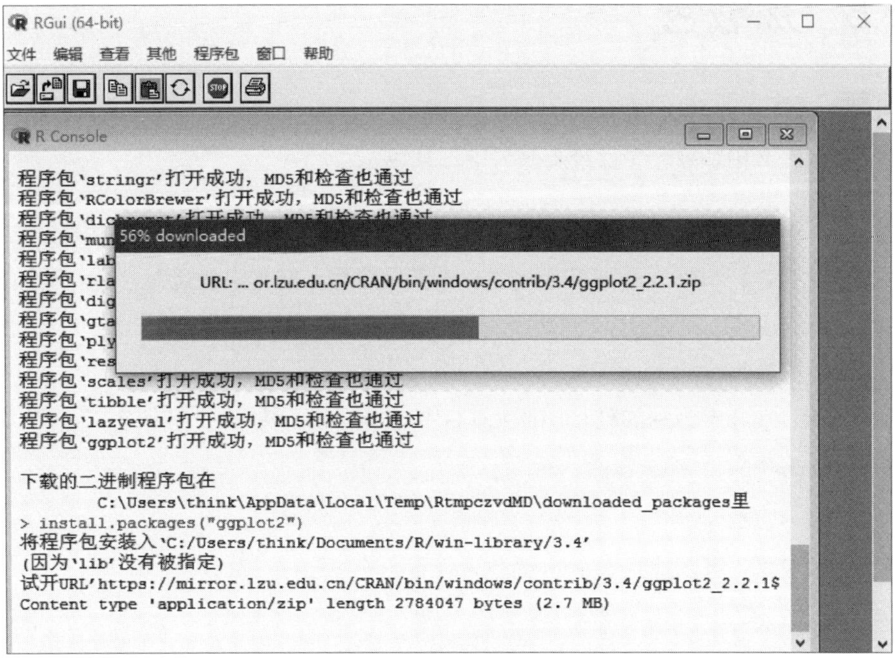

图 1.11　工具包的加载

在使用 R 进行科学计量分析之前，需要安装的工具包有 dplyr，factoextra，FactoMineR，ggplot2，igraph，Matrix，SnowballC 以及 stringr。可以在 R 程序界面中直接输入下面的语句来安装。

```
install.packages("dplyr","factoextra","FactoMineR","ggplot2",
"igraph", "Matrix", "rscopus", "SnowballC", "stringr")
```

安装科学计量工具包的代码为：

```
install.packages("bibliometrix")
```

已经分享的 R 包会不定期地被作者进行更新，R 中更新包的命令是：

```
update.packages()
```

例如，下面语句是对 bibliometrix 的更新：

```
update.packages("bibliometrix")
```

1.5 加载包

问题

如何在 R 中加载一个已经安装好的工具包?

方法

安装完进行科学计量与可视化的基本工具包后，在 R 中使用时，首先要加载将要使用的这些工具库。

加载函数为：library ()

例如，在 R 中分别加载 bibliometrix 和 ggplot2 工具包：

```
library(bibliometrix)
library(ggplot2)
```

加载包后，可以使用 search 函数来查看哪些包已经加载并可以使用：

```
> search()
[1]  ".GlobalEnv"        "package:reshape2"     "package:bibliometrix"
[4]  "package:rwos"      "package:dplyr"        "package:purrr"
[7]  "package:readr"     "package:tidyr"        "package:tibble"
[10] "package:ggplot2"   "package:tidyverse"    "package:easyPubMed"
[13] "package:XML"       "package:tidytext"     "tools:rstudio"
[16] "package:stats"     "package:graphics"     "package:grDevices"
[19] "package:utils"     "package:datasets"     "package:methods"
[22] "Autoloads"         "package:base"
```

1.6 包帮助

问题

如何在 R 中获取一个工具包的帮助文件?

方法

在 R 中使用 help( ) 或者使用问号“? ”来调用所使用工具包的帮助文件。

例如，在 R 中查看 bibliometrix 的帮助文件，需要在窗口中输入:

```
help("bibliometrix")
```

或者，

```
?bibliometrix
```

运行结果为图 1.12。

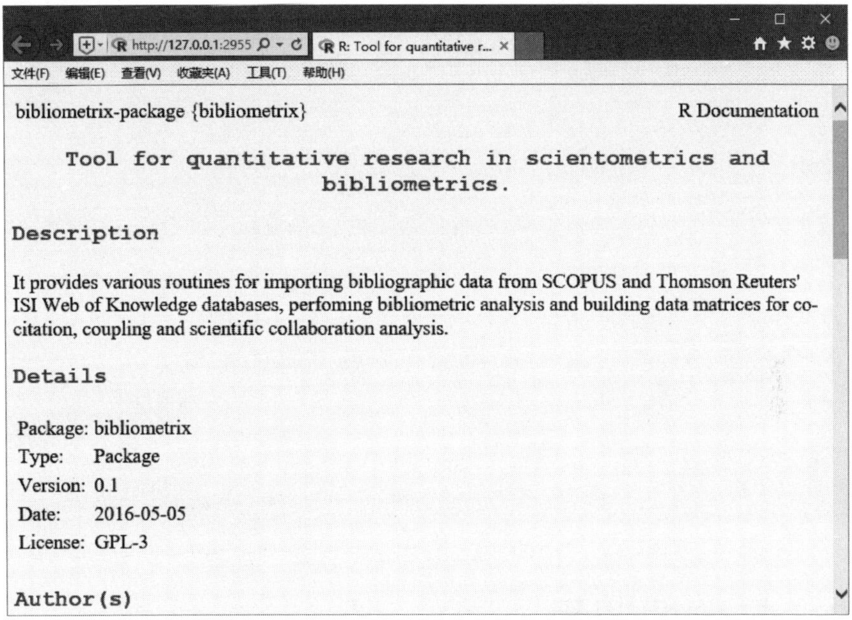

图 1.12　R 中工具包帮助文件的查询

1.7　引用包

问题

如何在 R 中来引用所使用的工具包?

方法

使用 citation( ) 函数来调用所需引用包的详细信息。

例如，在 R 中来查看 bibliometrix 的完整引用信息:

```
citation("bibliometrix")
```

R 中运行结果如下：

```
>citation("bibliometrix") # 引用 bibliometrix 工具包❶
## To cite bibliometrix in publications, please use:
## Aria, Massimo and Cuccurullo, Corrado (2016). bibliometrix: a R tool for comprehensive
  bibliometric analysis of scientific literature. http://www.bibliometrix.org
## A BibTeX entry for LaTeX users is
 @Manual{,
  title = {bibliometrix: a R tool for comprehensive bibliometric analysis of scientific literature},
  author = {{Aria} and {Massimo} and {Cuccurullo} and {Corrado}},
  organization = {University of Naples Federico II},
  address = {Naples, Italy},
  year = {2016},
}
```

1.8 包数据调用

问题

如何调用 bibliometrix 软件提供的案例数据？

方法

在加载 bibliometrix 工具包后可以使用 data 函数来查看工具包中数据集：

```
> library(bibliometrix)
> data()
Data sets in package "bibliometrix":
```

---

❶ 添加注释，在代码运行时，# 后面的文字不起作用。

```
biblio                  Dataset of "Bibliometrics" manuscripts.
biblio_df               Dataset of "Bibliometrics" manuscripts.
countries               Index of Countries.
garfield                Eugene Garfield's manuscripts.
isiCollection           "Bibliometrics" manuscripts from ISI WOS.
scientometrics          "Co-citation analysis" and "Coupling analysis"
                        manuscripts.
scientometrics_text     "Co-citation analysis" and "Coupling analysis"
                        manuscripts.
scopusCollection        "Bibliometrics" manuscripts from SCOPUS.
stopwords                List of English stopwords.
```

Bibliometrix 工具包主要提供了以下几个案例数据：

（1）关于 Eugene Garfield[1] 发表的论文，时间：1954—2014 年，数据库：SCOPUS。在 R 中使用 data(garfield) 即可加载该数据。

在 R 中的加载命令如下：

```
> data(garfield)
```
[2]

（2）发表在 Scientometrics，主题是关于 "Co-citation analysis" 和 "coupling analysis" 的论文。时间：1985—2015 年，数据库为 Web of Science。在 R 中使用 data(scientometrics) 来加载数据。

在 R 中加载命令如下：

```
> data(scientometrics)
```

（3）关于 Bibliometric 的 91 篇文献，采集于 2016 年 5 月 9 日，数据来源于 SCI-EXPANDED and SSCI citation indexes，且标题中含有 Bibliometrics。

---

❶ 尤金·加菲尔德（Eugene Garfield）（1925.9.16—2017.2.26），是美国著名的情报学家和科学计量学家。1955 年其在《科学》杂志上率先提出了科学引文索引（SCI）的创意，1960 年创办了美国科学情报研究所（ISI），并在 1964 年将其发明的《科学引文索引（SCI）》正式出版。SCI 后来拓展到社会科学（SSCI）和人文学科领域（A & HCI），这些数据库囊括了科学领域的几乎所有学科类别，成为世界上最权威的科学文献引文数据库和功能最为完善的科学文献检索工具。鉴于加菲尔德博士在科学引文索引、引文分析方法和科学计量学的开创性、奠基性贡献，国际科学计量学和信息计量学学会 (ISSI) 授予他本领域 1984 年首届最高荣誉——普赖斯奖章（D. de S.Price Memorial Medal）。

❷ Data() 为列出当前已加载包中所含的所有可用示例数据集。

```
>library(bibliometrix) # 在数据调用时，需要先加载 bibliometrix 工具包
>D<- readFiles("http://www.bibliometrix.org/datasets/savedrecs.bib") # 数据文件的读取
>M <- convert2df(D, dbsource = "isi", format = "bibtex") # 数据格式的处理
## Articles extracted   100
## Articles extracted   200
## Articles extracted   291
```

（4）2006—2015年，在Web of Science中，标题词含有Bibliometrics的论文。

```
> data(biblio)
> biblio_df_df <- convert2df(file = biblio, dbsource = "isi", format = "bibtex")
## Articles extracted   99
```

1.9 用户数据加载

问题

如何在R中分析自己下载的数据?

方法

在Web of Science或Scopus下载数据后，将数据保存为txt或者bib格式。将下载的数据放在某一新建的文件夹中，通过设置数据所在的路径位置，来读取数据。

所使用的函数为：readFiles(…)

其中(…)为一组从Web of Science中下载的txt或bibtex数据，也可以是从Scopus中下载的bibtex格式的数据。

```
D <- readFiles('filename1.txt','filename2.txt')
```

例如，通过Web of Science采集了2010—2015年关于Safety Culture（安全文化）的研究论文，使用R来读取和转换该数据集的过程如下。

```
>library(bibliometrix) # 加载 bibliometrix 工具包
```

```
>setwd("D:/safety culture")[1]# 设置工作目录
>D <- readFiles("data1.txt","data2.txt")   # 读取数据文件，<- 表示赋值，等同于 =
>safetyculture<- convert2df(D, dbsource = "isi", format = "plaintext") # 数据的转换，dbsource 可以是 isi 或者 scopus
## Articles extracted   100
## Articles extracted   200
## Articles extracted   300
## Articles extracted   400
## Articles extracted   500
## Articles extracted   600
## Articles extracted   700
## Articles extracted   800
## Articles extracted   900
## Articles extracted   969
```

1.10　编程错误

问题

在 R 的编程中有哪些常见错误？

方法

在 R 的语句运行出现错误时可以通过以下几个方法来查看问题的原因[2]：

（1）编程语句中使用了错误的大小写。例如，在 R 中 Library(bibliometrix) 就不能加载工具包，L 需要小写。

（2）忘记了必要的引号。例如，在安装或更新工具包时，括号中的工具包名称要加引号，update.packages（"bibliometrix"）。

（3）工具目录的路径名称有误。例如，我们在电脑上直接获取的路径为 C:\

[1] Setwd 为设置工作目录，getwd() 为显示当前的工作目录。

[2] [美] Robert I.Kabacoff. R 语言实战 . 北京：人民邮电出版社，2016.

Users\think\Desktop\project，在 R 中正确应为 C:/Users/think/Desktop/project。在 R 中设置案例如 setwd ("C:/Users/think/Desktop/project") 。

4. 使用尚未加载包中的函数。例如，KeywordGrowth 函数包含在 bibliometrix 工具包中，若该工具包没有加载，那么其中的函数就不能使用。

第 2 讲

科学计量数据采集

2.1 WoS 数据

问题

如何从 Web of Science 核心合集[1] 下载可用 R 来分析的数据?

方法

登录 Web of Science 数据库，将数据库切换到 Web of Science 核心数据集界面（图 2.1）。然后，在检索框中设置相应的检索条件。进入检索结果界面后，将结果保存为 txt 或 bibtex 格式。

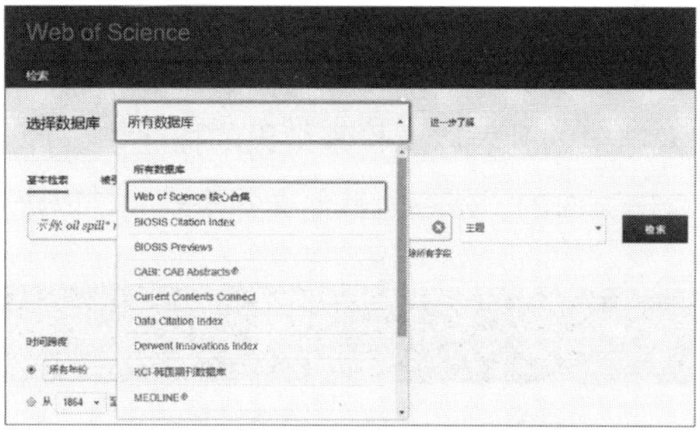

图 2.1　Web of Science 中数据库的切换

[1] Web of Science 是 Clarivate Analytics（科睿唯安）公司旗下的数据库之一，该数据库包含世界知名的 SCI、SSCI 及 A&HCI 等期刊论文索引数据库，并包含 CPCI 重要会议索引数据库。WoS 数据库是科学计量及知识图谱领域最常用的数据库，其创始人尤金·加菲尔德（1925.9.16—2017.2.26）是国际知名的科学计量学家。

案例

从Web of Science核心合集Science Citation Index Expanded (SCI-EXPANDED) 和Social Sciences Citation Index (SSCI) 中下载2010—2015年主题关于safety culture的期刊论文。

第1步：登录数据库，设置检索条件。

登录Web of Science数据库，并设置检索条件。例如，这里以检索2010—2015年，主题关于safety culture的期刊文献为例（图2.2）。

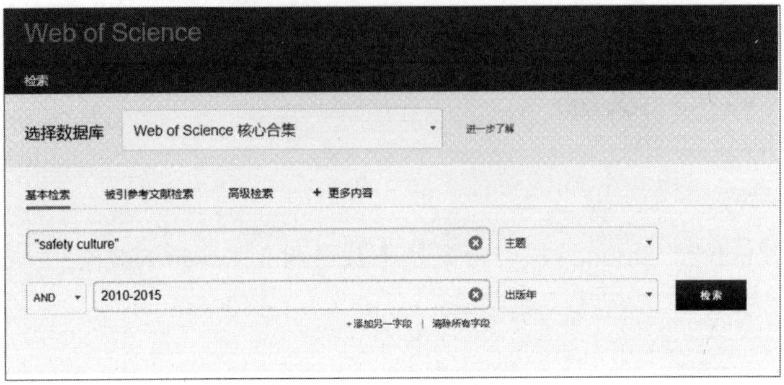

图2.2　WoS数据检索界面

第2步：检索结果。

在检索界面设置好检索条件，点击检索即可到达检索结果页面。在检索结果页面中，提供了检索结果的列表以及检索结果的描述性统计分析（图2.3）。为了导出数据，需要点击页面的“保存为其他文件格式”，以进入数据导出界面。

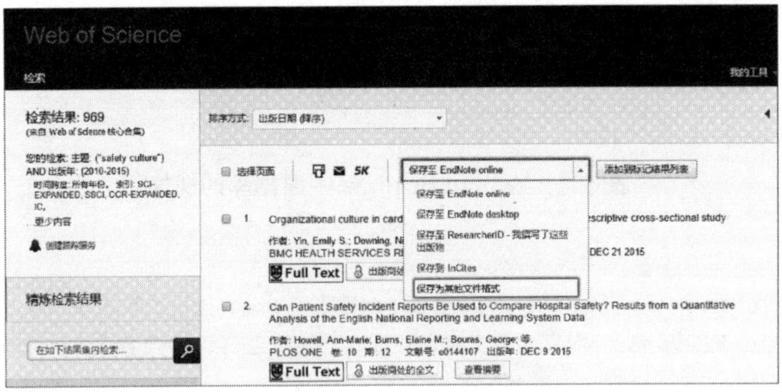

图2.3　WoS的检索结果

第 3 步：结果的导出。

进入数据导出界面后，需要在记录数选择“记录”，然后输入要导出的文献编号。这里的编号与检索记录是对应的，比如我们这里检索到了 969 条记录，那么我们首次在这里输入的数字为 1 和 500，含义是导出前 500 条记录（图 2.4）。这是因为 Web of Science 在这里限制每次用户导出数据的最大值为 500 条[1]，前 500 条导出结束后，再输入 501-969 来导出后面的记录。

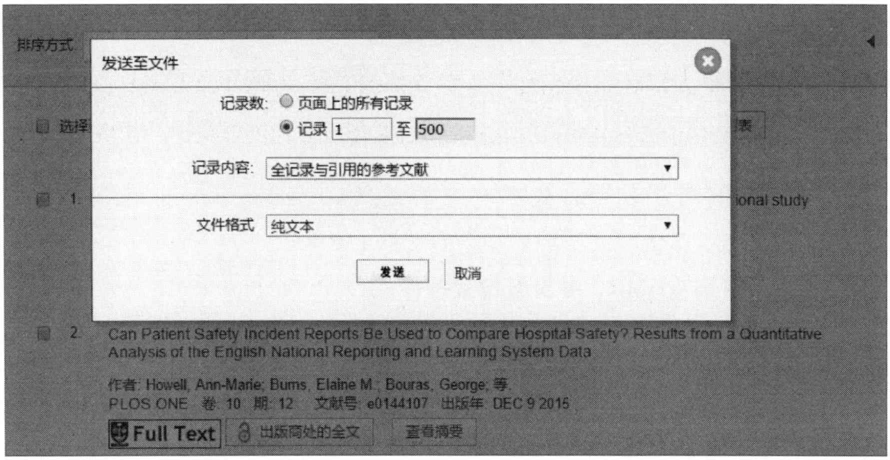

图 2.4 WoS 中结果的导出

待数据记录的导出范围设定好后，在记录内容部分需要选择“全记录与引用的参考文献”，文件格式选择为“纯文本”或“bibtex”。最后，点击“发送”即可下载 txt 或 bibtex 格式 web of Science 数据。

---

❶ 在最新版的 Web of Science 中，提供了一次最多快速下载 5 000 条记录。若需要此功能，点击检索结果页面的 5K 即可。Fast 5000 提供的数据下载仅仅包含了作者、标题和来源出版物，且只允许保存为制表符分隔格式（Win 或 Mac）。2017 年 7 月 27 日，荷兰知名科学计量学家 Loet 专门开发了 FS2WoS.exe 工具包，可以将快速下载的 5 000 条数据转换为 WoS 纯文本格式，并将作者、标题以及期刊信息分别保存（au.txt, ti.txt, so.txt）。工具下载地址 http://www.leydesdorff.net/software/fs2wos/。

2.2 Scopus 数据

问题

如何从 Scopus 数据库[1] 中下载可以用 R 分析的数据?

方法

登录 Scopus 数据库，若数据库为中文界面，务必将 Scopus 数据库界面切换成英文。在检索框中输入检索的条件，并将数据导出为 bibtex 格式即可。

案例

下面的案例为从 Scopus 数据库中下载 2010—2015 年，主题关于 safety culture，且文献类型为论文或综述类型的文献（图 2.5）。

第 1 步：登录 scopus，并设置检索条件。

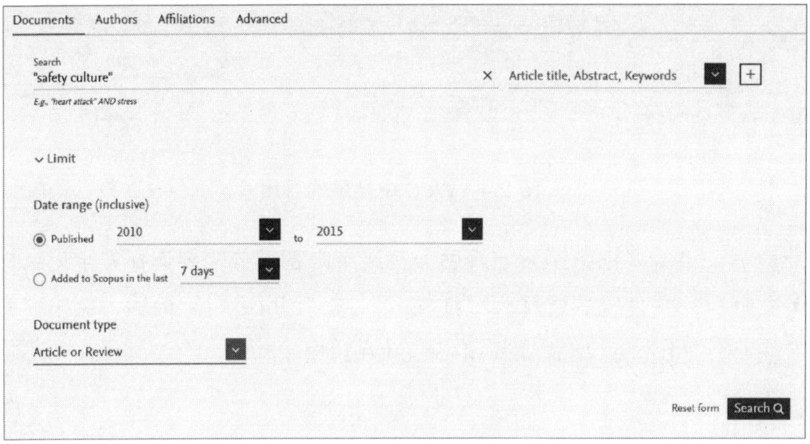

图 2.5　检索界面和检索条件

[1] Scopus 数据库（主页：https://www.scopus.com/home.uri）由爱思唯尔（Elsevier）于 2004 年 11 月正式推出，是目前全球规模最大的文摘和引文数据库。Scopus 涵盖了由 5 000 多家出版商出版发行的科技、医学和社会科学方面的 24 000 多种期刊，其中同行评审期刊 21 000 多种。相对于其他单一的文摘索引数据库而言，Scopus 的内容更加全面，学科更加广泛，特别是在获取非英语国家的文献方面，用户可检索出更多的文献数量和相关的参考文献及引文信息。通过 Scopus，用户可以检索到 1823 年以来的近 5 700 万条摘要和题录信息，以及 1996 年以来所引用的参考文献，并且数据每日更新。

第 2 步：检索结果。

设置好条件，点击检索界面的 Search 后，得到检索结果。若要导出检索的结果，需要选中检索的所有结果（Select all）。然后，再点击界面上的 Export 来进入数据导出界面（图 2.6）。

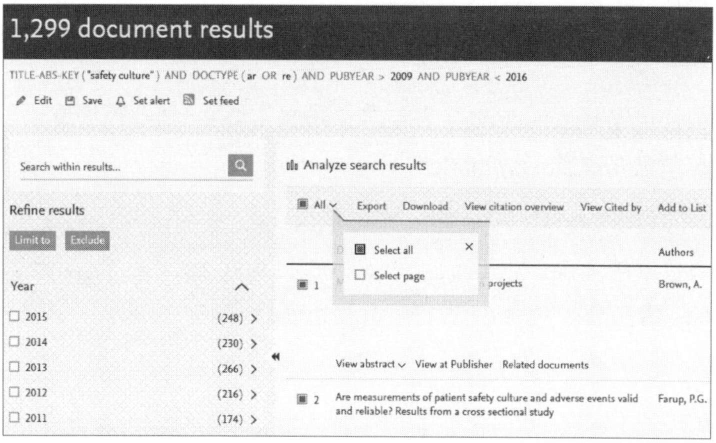

图 2.6　数据检索结果

第 3 步：数据的导出。

点击 Export，进入数据导出界面后。在 Select your method of export 中选择 BibTeX，在 Customize export 中选中所有可导出项目。最后，点击该界面右下角的 Export 来保存下载的 scopus.bib 格式数据（图 2.7）。

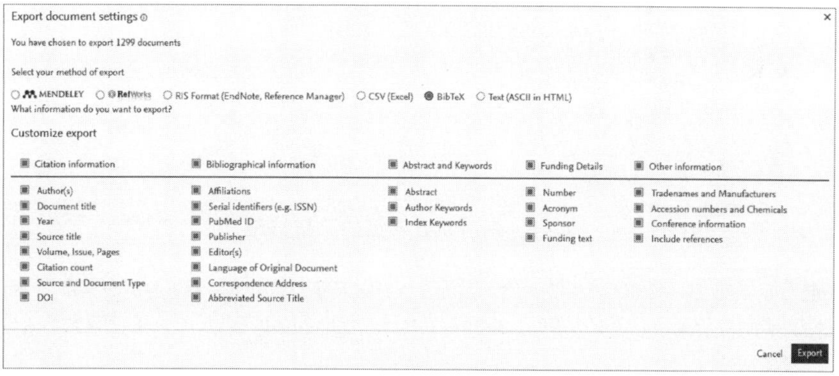

图 2.7　数据的导出界面

2.3 PubMed 数据

问题

如何使用 R 来采集 PubMed 数据集[1]？

方法

在 R 中提供了 easyPubMed 工具包[2]来批量下载 PubMed 数据集。

在使用前需要安装 easyPubMed：

```
install.packages("easyPubMed")
```

该工具包中包含 batch_pubmed_download、table_articles_byAuth 以及 fetch_pubmed_data 等函数对 PubMed 进行下载和处理的功能。

案例

下载 PubMed 数据库中 2016 年关于 bibliometrics 的论文数据，运行下面代码后数据将会保存在桌面的命名为 bibliometrics 的文件夹中（图 2.8）。

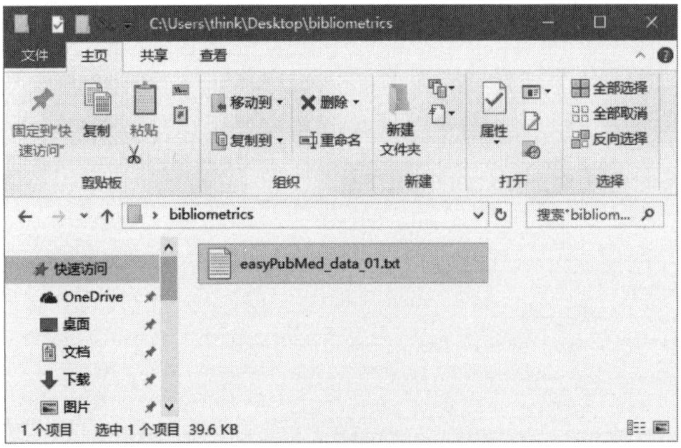

图 2.8 PubMed 数据的采集结果

---

[1] PubMed 是一个提供生物医学方面的论文搜寻以及摘要，并且免费搜寻的数据库。它的数据库来源为 MEDLINE。其核心主题为医学，但亦包括其他与医学相关的领域，比如护理学或者其他健康学科。该数据库的主页为 https://www.ncbi.nlm.nih.gov/pubmed。

[2] 通过 easyPubMed 可以批量采集 PubMed 数据，数据格式可以下载为 txt 或者 xml。txt 格式的数据也可以导入 VOSviewer 软件中直接进行数据可视化分析。

在 R 中可以用于对 PubMed 数据进行分析和处理的工具包目前有多个，具体参见附录。

```
> library(easyPubMed)
> ml_query <- "bibliometrics[TI] AND 2016[PD]"
> out <- batch_pubmed_download(pubmed_query_string = ml_query,dest_
dir = "C:/Users/think/Desktop/bibliometrics",batch_size = 180, format =
"medline" )
[1] "PubMed data batch 1 / 1 downloaded…"
```

第 3 讲

R 科学计量分析基础

3.1 R 数据转换

问题

如何对已经加载的科学文本数据进行数据转换?

方法一

在 bibliometrix 工具包中使用 convert2df 函数来进行转换。

数据转换的标准语言格式如下:

```
convert2df(file, dbsource = "isi", format = "bibtex")
```

file 为所读取的数据文件。

dbsource 为数据源,通常为 isi(默认)或 scopus。

format 为数据格式,通常为 bibtex(默认)或 plaintext。

方法二

在 bibliometrix 工具包中提供了专门针对 isi 数据进行转换的函数,包含对 txt 文本进行转换的 isi2df 和对 bibtex 数据进行转换的 isibib2df。

数据的语法格式为:

```
Isi2df(D) 和 isibib2df(D)
```

对于 Scopus 数据可以使用 Scopus2df 进行数据转换。

案例

下面是使用 convert2df 函数对软件提供的 biblio 案例数据的读取,共有 99

条记录被识别。

```
> data(biblio) #读取数据，此数据为原始数据。
> biblio_df_df <- convert2df(file = biblio, dbsource = "isi", format = "bibtex")  #数据的转换，dbsource 可以是 isi 或者 scopus
## Articles extracted   99
```

使用 isi2df 对 safety culture 案例数据进行转换。

```
> library(bibliometrix)
> setwd("D:/safety culture")
> D <- readFiles("data1.txt","data2.txt")
> safetyculture <- isi2df(D)
## Articles extracted   100
## Articles extracted   200
## Articles extracted   300
## Articles extracted   400
## Articles extracted   500
## Articles extracted   600
## Articles extracted   700
## Articles extracted   800
## Articles extracted   900
## Articles extracted   969
```

3.2 数据集合并

问题

如何对下载的 isi 和 scopus 数据进行合并除重?

方法

在 bibliometrix 工具包中使用 mergeDbSources 函数来进行合并处理。

数据合并和转换的标准格式如下：

```
mergeDbSources(…, remove.duplicated = TRUE)
```

其中，“…”为要合并的文件名称；

remove.duplicated 为逻辑值，通常 remove.duplicated = TRUE 表示删除重复记录。

案例

（1）对 bibliometrix 工具包自带的 isiCollection 和 scopusCollection 数据进行合并与除重处理。

```
>library(bibliometrix) # 加载 bibliometrix 工具包
## bibliometrix
## A R tool for comprehensive bibliometric analysis of scientific literature
## by Massimo Aria & Corrado Cuccurullo
## http:\\www.bibliometrix.org
>data(isiCollection) # 该案例数据为从 web of Science 中收集的，1985—2017 年标题中含有 bibliometrics 的 bibtex 格式论文
>data(scopusCollection) # 该案例数据为从 Scopus 中收集的，1975—2017 年标题中含有 bibliometrics 的 bibtex 格式论文
>M <- mergeDbSources(isiCollection, scopusCollection, remove.duplicated=TRUE) # 合并不同数据库的数据，并剔除重复记录
## 239 duplicated documents have been removed
>dim(M)[1] # 查看转换后数据的维数，下面的结果表示有 577 行，15 列
## [1] 577  15
```

（2）个人数据集 isi 和 scopus 数据的加载。

isi 数据的加载：

```
> library(bibliometrix) # 加载 bibliometrix 工具包
> setwd("D:/isisafetyculture")   # 设置工作目录
> A <- readFiles("data1.txt","data2.txt")
```

[1] dim 可以用来查看数据 Z 的维数，例如：

>dim(Z)

[1] 4 6

表示该数据为 4 行 6 列的数据。

```
> isisafetyculture <- convert2df(A, dbsource = "isi", format =
"plaintext") #数据的转换
## Articles extracted  100
## Articles extracted  200
## Articles extracted  300
## Articles extracted  400
## Articles extracted  500
## Articles extracted  600
## Articles extracted  700
## Articles extracted  800
## Articles extracted  900
## Articles extracted  969
```

scopus 数据的加载：

```
> setwd("D:/scopussafetyculture")   #设置工作目录
> B <- readFiles("scopus.bib")  #读取数据文件
> scopussafetyculture <- convert2df(B, dbsource = "scopus", format =
"bibtex") #数据的转换
## Articles extracted  100
## Articles extracted  200
## Articles extracted  300
## Articles extracted  400
## Articles extracted  500
## Articles extracted  600
## Articles extracted  700
## Articles extracted  800
## Articles extracted  900
## Articles extracted  1000
## Articles extracted  1100
## Articles extracted  1200
## Articles extracted  1299
```

```
> M <- mergeDbSources(isisafetyculture, scopussafetyculture,
remove.duplicated=TRUE)
## 705 duplicated documents have been removed
> dim(M)
## [1] 1563   15
```

3.3 数据的除重

问题

如何对分析的数据进行除重处理?

方法

bibliometrix 中提供的数据除重函数为 duplicatedMatching，可以用来对重复论文进行识别和除重。

标准语言格式为：

```
duplicatedMatching(M, Field = "TI", tol = 0.95)
```

其中，M 为所要分析的数据集；

Field 为要比较的字段，可以是 TI (title), AB (abstract) 或 UT(manuscript ID)；

tol 为相似度系数（通过字符的 Damerau-Levenshtein 距离来测度[1]），默认值为 0.95。

案例

对案例数据 scientometrics 的除重测试。

```
> library(bibliometrix) # 加载 bibliometrix 工具包
> data(scientometrics) # 加载案例数据
> M=rbind(scientometrics[1:30,],scientometrics[10:30,]) # 案例数据的子数据集选择，这里是对记录 1-30 和记录 10-30 共 41 条数据的测试，重复数据数量为 11 条；rbind 是用来进行合并的函数。
```

[1] Damerau-Levenshtein 距离又称最佳字符串匹配算法，可以用来测度两个字符之间的相似性。

```
> newM <- duplicatedMatching(M, Field = "TI", tol = 1) # 数据的除重处理
> dim(newM) # 显示数据的维度
## [1] 30 16
# scientometrics 的分析
> data(scientometrics)
> M=rbind(scientometrics[1:147,],scientometrics[1:147,])
> newM <- duplicatedMatching(M, Field = "TI", tol = 1)
> dim(newM)
## [1] 147  16
```

3.4 数据的切片

问题

如何对下载的数据进行时间切片？

方法

在 R 中提供了 timeslice 函数来对数据进行时间切片处理。

标准语言格式为：

```
timeslice(M, breaks = NA, k = 5)
```

其中，M 为所分析的数据集；

Breaks 为数据切割点；

K 为数据被切割的数量，当 Breaks 未定义时生效。

案例

（1）对案例数据 scientometrics 按照切分点进行的切分处理。

```
> data(scientometrics)
> list_df <- timeslice(scientometrics, breaks = c(1995, 2005))
# 数据切割点的设置
> names(list_df)
## [1] "(1984,1995]" "(1995,2005]" "(2005,2015]"
```

（2）对案例数据 scientometrics 按照等比例进行的切分处理。

```
> data(scientometrics)
> list_df <- timeslice(scientometrics, k=5)
# 数据切割份数的设定
> names(list_df)
## [1] "(1984,1990]" "(1990,1996]" "(1996,2002]" "(2002,2008]"
"(2008,2015]"
```

3.5 数据的编辑

问题

如何在 R 中对字符中的空格进行批量删除?

方法

在 R 中提供了 trim 来进行字符前后空格的删除，提供了 trim.leading 对字符前的空格进行删除。

标准的语言格式分别为：

```
trim(x) 和 trim.leading(x)
```

案例

（1）前后空格的删除。

```
> char <- c("Alfred", "Mary", "John")
> char
[1] "Alfred" "Mary"    "John"
> trim(char)
[1] "Alfred" "Mary"   "John"
```

（2）字符前空格的删除。

```
> char <- c("Alfred", "Mary", "John")
> char
[1] "Alfred" "Mary"   "John"
```

```
> trim.leading(char)
[1] "Alfred" "Mary"  "John"
```

3.6 描述性分析

问题

如何在 R 中对所加载的数据进行科学计量学分析?

方法一

bibliometrix 中提供的科学计量函数为 biblioAnalysis 和 summary，通过这两种函数来对数据进行计量分析和结果的总结。

biblioAnalysis 标准格式如下：

```
biblioAnalysis(M, sep = ";")
```

M 为所分析的数据集；

sep 为知识单元之间的分割，常见的为分号。

summary 的标准格式如下：

```
summary(object, ...)
```

其中，object 是指要总结的对象；

... 为其他参数的设置，例如可以设置 k=10，表示提取并显示排名前 10 的结果，Pause 为逻辑值，可以为 FALSE 或者 TRUE（默认），从结果来看 FALSE 显示所有可用结果，TRUE 仅仅显示结果的概述。

案例一

下面是对软件提供的 scientometrics 案例数据进行的科学计量分析。

```
> data(scientometrics) # 读取数据
> results <- biblioAnalysis(scientometrics) # 科学计量分析
> summary(results, k = 10, pause = FALSE) # 结果的呈现
## Main Information about data
 Articles                             147
 Sources (Journals, Books, etc.)      1
```

```
 Keywords Plus (ID)                     392
 Author's Keywords (DE)                 342
 Period                                 1985—2015
 Average citations per article          14.81
 Authors                                269
 Author Appearances                     337
 Authors of single authored articles    25
 Authors of multi authored articles     244
 Articles per Author                    0.546
 Authors per Article                    1.83
 Co-Authors per Articles                2.29
 Collaboration Index                    2.24
## Annual Scientific Production
    Year      Articles
    1985         2
    1991         2
    1993         3
    1994         4
    1995         1
    1996         4
    1998         2
    1999         3
    2000         4
    2001         7
    2002         3
    2003         5
    2005         5
    2006         5
    2007         3
    2008         4
```

```
     2009       7
     2010       8
     2011      10
     2012      10
     2013      17
     2014      14
     2015      24
## Annual Percentage Growth Rate 11.95763
## Most Productive Authors
   Authors          Articles Authors           Articles Fractionalized
1  SMALL,H                 8 SMALL,H                              6.33
2  ZITT,M                  6 ZITT,M                               3.00
3  BASSECOULARD,E          5 JARNEVING,B                          2.50
4  GLANZEL,W               5 GLANZEL,W                            2.17
5  HUANG,MH                5 BASSECOULARD,E                       2.00
6  THIJS,B                 4 LO,SC                                2.00
7  AHLGREN,P               3 HUANG,MH                             1.79
8  CHEN,DZ                 3 THIJS,B                              1.67
9  JARNEVING,B             3 LEYDESDORFF,L                        1.50
10 QIU,JP                  3 MILMAN,BL                            1.50
## Top manuscripts per citations
                                          Paper             TC TCperYear
1  BOYACK, KW;KLAVANS, R;BORNER,K,(2005),SCIENTOMETRICS 283     23.58
2  SMALL, H;SWEENEY, E,(1985),SCIENTOMETRICS            148      4.62
3  VAN ECK, NJ;WALTMAN, L,(2010),SCIENTOMETRICS         142      0.29
4  SMALL,H; SWEENEY,E;GREENLEE,E,(1985),SCIENTOMETRICS  130      4.06
5  SMALL, H,(2006),SCIENTOMETRICS                        83      7.55
6  GMUR, M,(2003),SCIENTOMETRICS                         78      5.57
7  ZITT, M;   BASSECOULARD, E,(1994),SCIENTOMETRICS      60      2.61
8  GLANZEL, W; CZERWON, HJ,(1996),SCIENTOMETRICS         58      2.76
```

```
9  DING, Y; CHOWDHURY,GG;FOO, S,(2000),SCIENTOMETRICS   46        2.71
10 PONZI, LJ,(2002),SCIENTOMETRICS                      44        2.93
## Most Productive Countries
    Country   Articles      Freq
1  USA              28    0.1905
2  CHINA            27    0.1837
3  TAIWAN           15    0.1020
4  SWEDEN            8    0.0544
5  FRANCE            7    0.0476
6  GERMANY           7    0.0476
7  BELGIUM           6    0.0408
8  NETHERLANDS       6    0.0408
9  SPAIN             5    0.0340
10 CANADA            4    0.0272

## Total Citations per Country

    Country      Total Citations  Average Article Citations
1  USA                       920                      32.86
2  NETHERLANDS               198                      33.00
3  GERMANY                   192                      27.43
4  FRANCE                    132                      18.86
5  CHINA                     124                       4.59
6  TAIWAN                    105                       7.00
7  BELGIUM                    84                      14.00
8  SWEDEN                     78                       9.75
9  SINGAPORE                  46                      46.00
10 HUNGARY                    38                      12.67
## Most Relevant Sources
  Sources         Articles
1 SCIENTOMETRICS       147
```

```
## Most Relevant Keywords
  Author Keywords (DE)       Articles Keywords-Plus (ID)      Articles
1  BIBLIOGRAPHIC COUPLING          17 SCIENCE                        50
2  BIBLIOMETRICS                   10 INDICATORS                     16
3  CO-CITATION ANALYSIS            10 NETWORKS                       15
4  CO-CITATION                      9 CITATION                       13
5  CITATION ANALYSIS                8 COCITATION                     13
6  CLUSTER ANALYSIS                 6 COCITATION ANALYSIS            13
7  AUTHOR CO-CITATION ANALYSIS      5 SCIENTIFIC LITERATURE          10
8  RESEARCH FRONTS                  5 INFORMATION-SCIENCE             9
9  SCIENCE MAPPING                  5 CO-CITATION                     8
10 TEXT MINING                      5 INTELLECTUAL STRUCTURE          8
```

方法二

通过 tableTag 函数来对特定字段进行分析。

标准语言格式为：

```
tableTag(M, Tag = "CR", sep = ";")
```

其中，M 为所分析的数据；

Tag 为与标准 WoS 格式数据对应的字段；

sep 为知识单元的分割方式。

案例二

对 scientometrics 的 AU 字段进行的分析结果如下：

```
>data(scientometrics)
>Tab <- tableTag(scientometrics, Tag = "AU", sep = ";")
>Tab[1:10]
## Tab
SMALL, H  ZITT, M  BASSECOULARD, E  GLANZEL, W  HUANG,MH  THIJS, B
       8        6                5           5         5         4
    AHLGREN, P        CHEN, DZ    JARNEVING, B          QIU, JP
    3         3               3            3
```

3.7 统计可视化

问题

如何对 biblioAnalysis 分析的结果进行可视化分析?

方法

在 R 中可以使用 plot 函数来可视化描述性计量分析结果。

标准的语言格式为:

```
plot(x, ...)
```

其中，x 为要进行可视化的对象;

“....” 为要可视化的对象数量，例如可以设置 k=10，Pause 为逻辑值，可以为 FALSE 或者 TRUE (默认)，从结果来看 FALSE 为一个结果，TRUE 可以连续执行命令显示不同的可视化结果。

案例

对 scientometrics 案例数据的描述性统计分析结果可视化如图 3.1，图 3.2 所示。

```
>data(scientometrics)
>results <- biblioAnalysis(scientometrics)
>plot(results, k = 10, pause = TRUE)
```

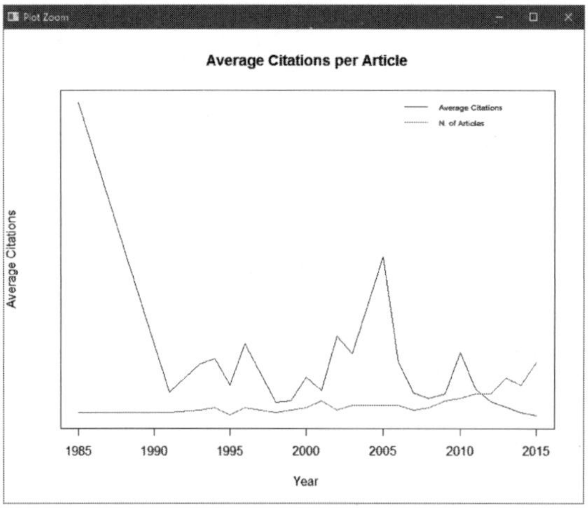

图 3.1 论文量与平均引证趋势

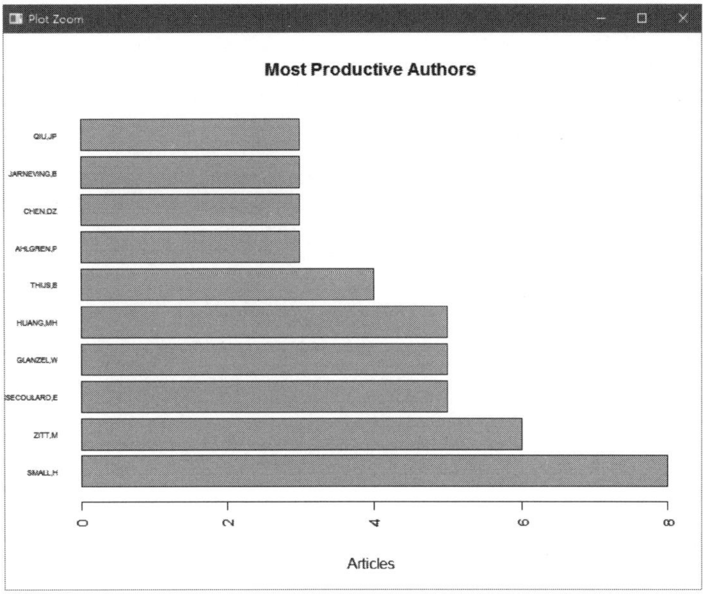

图 3.2　高产作者

3.8　引文信息分析

问题

如何对被引文献的信息进行分析?

方法

在 R 的工具包中，citations 函数用来分析引文的分布情况。

标准的语言格式为:

```
citations(M, field = "article", sep = ";")
```

其中，M 为所分析的数据集;

field 为所分析参考文献的信息，可以为 article（默认）或者为 author（WoS 数据库中，仅仅为第一作者信息），用来分析文献的引用次数或作者的被引次数分布;

sep 表示分隔符。

案例

对案例数据 scientometrics 的文献和作者信息分析如下。

（1）对文献信息进行分析的代码及其结果。

```
> data(scientometrics)
> CR <- citations(scientometrics, field = "article", sep = ";")
# 对被引文献的分析
> CR$Cited[1:2]❶
## CR
## SMALL H, 1973, J AM SOC INFORM SCI, V24, P265, DOI 101002/ASI463
0240406                                                                63
##          KESSLER MM, 1963, AM DOC, V14, P10, DOI 101002/ASI509
0140103                                                                35
>CR$Year[1:2]
## [1] 1973 1963
>CR$Source[1:2]
## [1] "J AM SOC INFORM SCI" "AM DOC"
```

（2）对被引作者信息进行分析的代码及其结果。

```
>data(scientometrics)
>CR <- citations(scientometrics, field = "author", sep = ";") > # 对被
引作者的分析
>CR$Cited[1:2]
## CR
## SMALL H WHITE HD
##     195      113
```

❶ 所有包含在 CR 中的信息都可以通过 $ 指令来访问，例如 CR$Cited[1:2] 表示查询 CR 分析结果文献中的第一行的前两个值。CR$Year[1:2] 表示 CR 前两个时间信息。

3.9 Altmetric 信息

问题

如何获取论文的 Altmetric 数据[1]？

方法

在 R 中可以使用专门的软件包 rAltmetric 来提取论文的 Altmetric 结果。

在使用前需要安装 rAltmetric 和加载该工具包：

```
install.packages('rAltmetric')
```

标准的语言格式为：

```
altmetrics(oid = NULL,id = NULL,doi = NULL,pmid = NULL,arxiv =
NULL, isbn = NULL, uri = NULL,apikey = getOption("altmetricKey"),
foptions = list(), ...)
```

其中，通过 doi 可以获取论文等学术出版物的信息，通过 pmid 可以获取 PubMed 的信息，isbn 通常获取的是图书的信息。

案例

获取 Bibliometrics: The citation game 论文的 Altmetric 计量结果。

```
>library(rAltmetric)
>altmetrics(doi ='10.1038/510470a')
## Altmetrics on: "Bibliometrics: The citation game" with altmetric_
id: 2464815 ## published in Nature.
##                                     stats
## cited_by_fbwalls_count                  3
## cited_by_feeds_count                    2
## cited_by_gplus_count                    1
## cited_by_msm_count                      1
```

[1] 该工具包是由 Karthik Ram 开发和维护的 R 软件包，主要功能是用来快速地从 Altmetric.com 获取出版的 Altmetric 数据。

```
## cited_by_posts_count        80
## cited_by_tweeters_count     64
## cited_by_accounts_count     71
```

获取 Safer Healthcare: Strategies for the Real World 一书的 Altmetric 计量结果。

```
>ib <- altmetrics(isbn = "978-3-319-25557-6")
>ib
## Altmetrics on: "Safer Healthcare" with altmetric_id: 5300191
##                          stats
## cited_by_posts_count       784
## cited_by_feeds_count         1
## cited_by_tweeters_count    558
## cited_by_fbwalls_count      11
## cited_by_gplus_count         1
## cited_by_accounts_count    571
```

获取 PubMed 中 Diversity in Big Data: A Review 的 Altmetric 数据。

```
>altmetrics(pmid="28632443")
## Altmetrics on: "Diversity in Big Data: A Review" with altmetric_
id: 21244666 ## published in Big data.
##                          stats
## cited_by_posts_count        32
## cited_by_msm_count           4
## cited_by_tweeters_count     23
## cited_by_accounts_count     27
```

3.10 作者排名分析

问题

如何对施引文献的作者进行分析?

方法

在 R 中使用 dominance 来对作者进行分析。

标准的语言格式为：

```
dominance(results, k = 10)
```

其中，results 为使用 biblioAnalysis 得到的基本结果；

k 表示所分析和呈现的作者数量，默认值为 10。

案例

对 scientometrics 案例数据进行作者分析的结果。

```
>data(scientometrics)
>results <- biblioAnalysis(scientometrics)
>DF=dominance(results)
>DF
##   Dominance Factor  Multi Authored  First Authored  Rank by Articles  Rank by DF
## ZHAO,RY    1.0000000       3            3                9           1
## AHLGREN,P  0.6666667       3            2                6           2
## TSAY,MY    0.6666667       3            2                8           3
## GLANZEL,W  0.6000000       5            3                3           4
## HUANG,MH   0.6000000       5            3                4           5
## ZITT,M     0.5000000       6            3                2           6
## THIJS,B    0.5000000       4            2                5           7
## BOYACK,KW  0.5000000       2            1               10           8
## QIU,JP     0.3333333       3            1                7           9
## SMALL,H    0.2500000       8            2                1          10
```

Dominance Factor=FFA/MAA；

Multi Authored 全称为 N. of Multi Authored Articles (MAA)，即作者的总发文数量；

First Authored 全称为 N. of First Authored Articles (FAA)，表示第一作者发文数量；

Rank by Articles 全称为 Author Ranking by N. of Articles，表示根据作者

发文量的排名；

Rank by DF全称为Author Ranking by Dominance Factor，表示根据DF值来排名。

3.11 作者性别判断

问题

在 R 中如何利用历史数据来判断作者的性别？

方法

在 R 可以使用 gender 工具包来根据历史姓名信息判断作者性别。

使用前需要安装 gender 工具包[1]：

```
install.packages("gender")
```

标准语言格式为：

```
gender(names, years = c(1932, 2012), method = c("ssa", "ipums",
"napp", "kantrowitz", "genderize", "demo"), countries = c("United
States", "Canada", "United Kingdom", "Germany", "Iceland", "Norway",
"Sweden"))
```

其中，names 为作者的首名。

years 代表所分析姓名的出生年；若 years 的时间为空，那么将默认使用 method="ssa" 进行计算，参考的时间默认为 1932—2012 年；对于 1930 年以前的数据，"ipums" 将会更加准确，其默认的时间范围从 1789—1930 年；对于 "napp" 的默认时间为 1758—1910 年。

method 为计算参考的数据库，"ssa" 表示 U.S. Social Security Administration 的出生人口数据，"ipums" 使用的是 U.S. Census 数据，"kantrowitz" 表示 Kantrowitz corpus 的男性和女性的数据，"genderize" 使用的是 Genderize.io 的性别数据。

countries 表示数据集所使用的国家。对于 "ssa" 和 "ipums" 数据，这里只能选择 "United States"；对于 "napp"，可以选择任意给定的国家（包含 "Canada", "United Kingdom", "Germany", "Iceland", "Norway" 及 "Sweden"）；"kantrowitz" 和 "genderize" 不应指定国家。

[1] Gender 工具包的详细介绍：https://cran.rstudio.com/web/packages/gender/gender.pdf.

案例

1987 年出生，名字叫 Jerry 的性别可能性分析。

```
>gender("Jerry", method = "demo", years = 1987)
# A tibble: 1 x 6
##  name proportion_male proportion_female gender year_min year_max
## <chr><dbl><dbl><chr><dbl><dbl>
## 1 Jerry         0.985                0.015   male     1987     1987
```

对一列表中的姓名进行处理[1]。

```
>library(gender)
>library(dplyr)
>demo_df <-data_frame(names = c("Jerry","Tom","Alice"),birth_year =
c(1987, 1988,2010),min_year = birth_year - 1,max_year = birth_year +
1,stringsAsFactors = FALSE)
>gender_df(demo_df, method = "ssa",name_col = "names", year_col =
"birth_year")
# A tibble: 3 x 6
##  name proportion_male proportion_female gender year_min year_max
## * <chr><dbl><dbl><chr><dbl><dbl>
## 1 Jerry        0.9839               0.0161   male     1987     1987
## 2   Tom        1.0000               0.0000   male     1988     1988
## 3 Alice        0.0000               1.0000 female     2010     2010
```

[1] 在使用 R 处理作者名字的列表信息时，需要运行 install_genderdata_package() 安装相关插件。

3.12 h 类指数

问题

如何使用 R 计算作者的 h 指数❶、g 指数和 m 指数?

方法

在 R 中使用 Hindex 函数来计算作者的 h，g 和 m 指数。

标准的语言格式为：

```
Hindex(M, authors, sep = ";", years = 10)
```

其中，M 为所分析的数据集；

author 为所分析作者的名称，多个作者的格式为 c("SMALL H", "CHEN DZ")；

sep 表示数据的分割，默认为分号；

years 表示计算 h 指数的时间跨度，默认为 10。

案例

scientometrics 案例数据的 h 指数计算代码及结果。

```
>data(scientometrics)
>authors <- c("SMALL H", "CHEN DZ")
>Hindex(scientometrics, authors, sep = ";")$H
## Author h_index g_index m_index TC NP
## 1 SMALL H        3        3   0.375 63  3
## 2 CHEN DZ        1        1   0.200  3  2
# 计算产出排名前 10 作者的 h 指数❷。
```

计算排名前 10 作者的 h 指数代码及结果。

---

❶ h 指数是 2005 年由美国加利福尼亚大学圣地亚哥分校的物理学家乔治·希尔施提出。h 指数的计算基于其研究者的论文数量及其论文被引用的次数，一个人在其所有学术文章中有 N 篇论文分别被引用了至少 N 次，他的 h 指数就是 N。

❷ 分析中用到了模式匹配和更换函数 gsub ()。语言的格式为 gsub(pattern, replacement, x, ignore.case = FALSE, perl = FALSE, fixed = FALSE, useBytes = FALSE).

```
>data(scientometrics)
>results <- biblioAnalysis(scientometrics)
>authors=gsub(","," ",names(results$Authors)[1:10])
>indices <- Hindex(scientometrics, authors, sep = ";",years=10)
>indices$H
##            Author h_index g_index   m_index TC NP
## 1          SMALL H       3       3 0.3750000 63  3
## 2           ZITT M       1       1 0.1250000  9  1
## 3  BASSECOULARD E       1       1 0.1250000  9  1
## 4        GLANZEL W       3       4 0.4285714 45  4
## 5         HUANG MH       1       1 0.2500000  3  4
## 6          THIJS B       3       4 0.4285714 45  4
## 7        AHLGREN P       2       3 0.2000000 24  3
## 8          CHEN DZ       1       1 0.2000000  3  2
## 9      JARNEVING B       1       1 0.1000000 17  1
## 10          QIU JP       2       3 0.2500000 22  3
```

garfield 案例数据的运行结果。

```
>data(garfield)
>indices=Hindex(garfield, authors="GARFIELD E", sep = ";")
>indices$H
## Author h_index g_index   m_index  TC NP
## 1 GARFIELD E       4       9 0.3636364 101  9

>indices$CitationList[[1]]
##           Authors                        Journal Year  TotalCitation
## 1 LI LZ ;LEYDESDORFF L ;NIOKA S  JOURNAL OF INNOVATIVE OPTICAL  2014  0
## 6             GARFIELD E JOURNAL OF SCIENTIFIC EXPLORAT  2008  0
## 9    GARFIELD E PROCEEDINGS OF ISSI 2007-11T              2007  1
## 4 GARFIELD E ;PUDOVKIN AI ;PARIS  RESEARCH EVALUATION     2010  1
## 7      GARFIELD E JOURNAL OF INFORMATION SCIENCE          2008  3
## 2          PUDOVKIN AI ;GARFIELD E       SCIENTOMETRICS   2012  8
## 3 PUDOVKIN A ;KRETSCHMER H ;STEG           SCIENTOMETRICS  2012 10
## 5             GARFIELD E        JOURNAL OF INFORMETRICS   2009 33
## 8             GARFIELD E      INTERNATIONAL MICROBIOLOGY  2007 44
```

3.13 Lotka 分析

问题

如何使用 R 进行 Lotka[1] 分析?

方法

在 R 中使用 Lotka 函数来进行分析。

标准的语言格式为:

```
lotka(results)
```

results 是使用 bibliometrix 函数分析的结果。

案例

scientometrics 案例数据的 Lotka 分析如下，可视化比较如图 3.3。

```
>data(scientometrics)
>results <- biblioAnalysis(scientometrics)
>L=lotka(results)
>L
## $Beta
## [1] 2.769441
## $C
## [1] 0.614453
## $R2
## [1] 0.9066696
## $fitted
##           1           2           3           4           5           6           7
## 0.614452977 0.090116405 0.029317674 0.013216579 0.007124141 0.004299765 0.001938359
```

[1] 1926 年美国保险公司的统计学家洛特卡(1880—1949 年)经过大量的统计研究，在美国《华盛顿科学院学报》上发表了《科学生产的频率分布》，旨在通过对发表论著的统计来探明科技工作者的生产能力及对科技进步和社会发展所做的贡献。洛特卡定律可以描述为：如果设 $f(x)$ 为写了 x 篇论文的作者数，那么它们满足这样的关系 $f(x) \cdot x^{\beta}=c$。其中 β 和 c 为对应于某一数据集所估计而来的两个常数。

```
## $p.value
## [1] 0.5412431
## $AuthorProd
##   N.Articles N.Authors        Freq
## 1          1       229 0.851301115
## 2          2        27 0.100371747
## 3          3         7 0.026022305
## 4          4         1 0.003717472
## 5          5         3 0.011152416
## 6          6         1 0.003717472
## 7          8         1 0.003717472
# 分析得到的数据分布
> Observed=L$AuthorProd[,3]
# 理论分布 Beta = 2
> Theoretical=10^(log10(L$C)-2*log10(L$AuthorProd[,1]))
# 绘图❶
> plot(L$AuthorProd[,1],Theoretical,type="l",col="red",ylim=c(0, 1),xlab="Articles",ylab="Freq. of Authors",main="Scientific Productivity")
> lines(L$AuthorProd[,1],Observed,col="blue")
> legend(x="topright",c("Theoretical (B=2)", "Observed"),col=c("red", "blue"),lty = c(1,1,1),cex=0.6,bty="n")
```

❶ R 中 plot 绘图功能的基本语言结构为 plot（x, y, xlab="x label", xlim=c (0, 1), pch=1, main="main", ylim=c（0, 2）, ylab="y label", col=1, type=1）。xlab 和 ylab 分别表示 x 轴和 y 轴的标签，main 表示设置标题的名称，xlim 和 ylim 表示 x 和 y 轴的范围，pch 表示绘图点的类型，col 表示绘图符号的颜色，type 表示绘图的类型（l 表示线，p 代表点，b 由线连接的点等）。R 中 lines 为在已存在的图形中添加线，语言结构为 lines（x, y, lwd=3, lty=1 col=1）。lwd 为线宽，lty 为线的类型，clo 表示颜色。R 中 legend 为图形图例的添加功能，语言结构为 legend（"topleft", myText, lty=c(1, 2, 3）, clo=c（"red", "blue"）, cex=0.6, bty="n"）, 第一个参数 topleft 为图例的位置，还可以是 "bottom", "bottomleft", "left", "topleft" 及 "topright" 等等。myText 表示图例的说明文字，lty=c(1, 2, 3）表示设置线的类型，clo 表示颜色设置，cex 为图例中文本的大小，bty 表示设置添加围绕图例的边框。

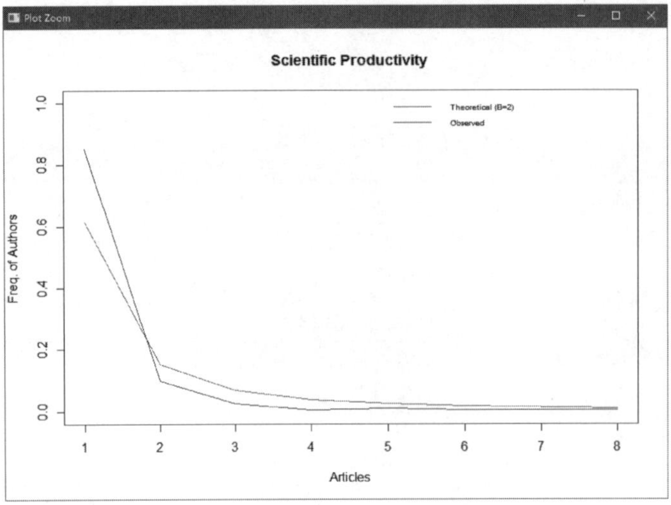

图 3.3 Lotka 分布的理论与实际的比较

3.14 知识单元时序分布

问题

如何对科学数据的某一知识单元进行时序分析?

方法

在 R 中使用 KeywordGrowth 函数来进行分析。

标准语言格式为:

```
KeywordGrowth(M, Tag = "ID", sep = ";", top = 10, cdf = TRUE)
```

其中，M 为所要分析的数据集;

Tag 为数据所提取的字段;

sep 为数据的分隔符;

top 表示提取排名前 n 的知识单元;

cdf 默认为 Ture，表示计算累积频次。

案例

scientometrics 案例数据补充关键词的分析如下，补充关键词时序分布如图 3.4 所示。

```
>data(scientometrics)
>topKW=KeywordGrowth(scientometrics, Tag = "ID", sep = ";", top=8,
cdf=TRUE)
>topKW
##     Year SCIENCE INDICATORS NETWORKS CITATION COCITATION
## 1  1991       1          0        0        0          0
## 2  1992       1          0        0        0          0
## 3  1993       2          0        0        0          0
## 4  1994       4          1        0        1          0
## 5  1995       4          1        0        1          0
## 6  1996       4          2        0        1          0
## 7  1997       4          2        0        1          0
## 8  1998       5          3        0        1          1
## 9  1999       5          3        0        1          1
## 10 2000       6          3        0        1          1
## 11 2001      11          3        0        1          1
## 12 2002      12          3        0        1          2
## 13 2003      14          3        1        1          3
## 14 2004      14          3        1        1          3
## 15 2005      18          4        2        1          5
## 16 2006      19          6        3        1          6
## 17 2007      20          8        3        1          7
## 18 2008      21          9        4        2          8
## 19 2009      22          9        5        2          9
## 20 2010      24         10        6        3         10
## 21 2011      28         11        7        4         10
## 22 2012      31         12        7        6         10
```

```
## 23 2013      40        15       10       10        11
## 24 2014      44        15       13       12        12
## 25 2015      50        16       15       13        13
>library(reshape2)
>library(ggplot2)
>DF=melt(topKW, id='Year')
>ggplot(DF,aes(Year,value, group=variable, color=variable))+geom_
line(size=1)
```

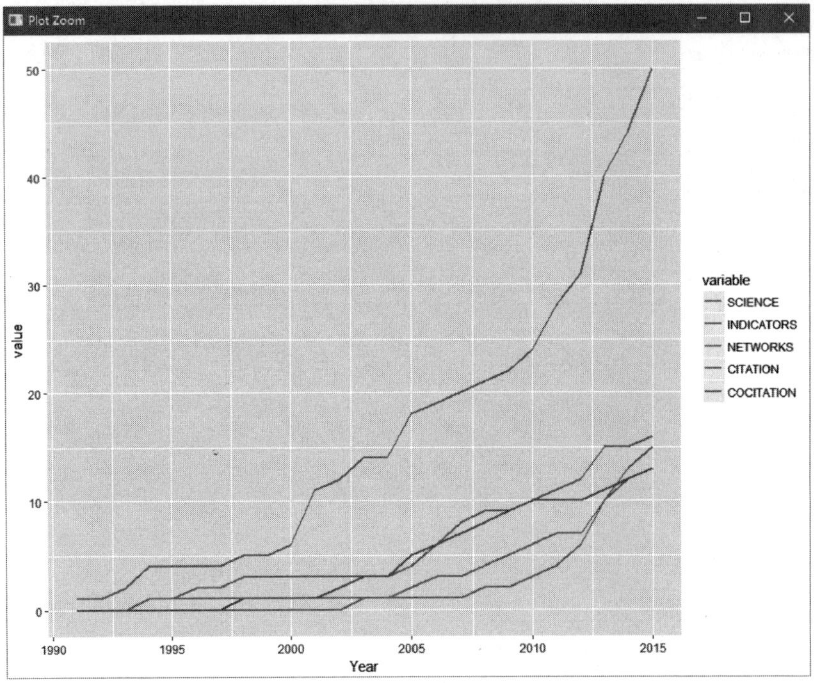

图 3.4　关键词累积时序趋势

scientometrics 案例数据作者发文的时序累积分析如下，作者发文累计的时序趋势如图 3.5。

```
>data(scientometrics)
>topKW=KeywordGrowth(scientometrics, Tag = "AU", sep = ";", top=5, cdf=T)
```

```
>topKW
## Year SMALL, H ZITT, M BASSECOULARD, E GLANZEL, W HUANG,    MH
## 1  1985        2        0               0           0         0
## 2  1986        2        0               0           0         0
## 3  1987        2        0               0           0         0
## 4  1988        2        0               0           0         0
## 5  1989        2        0               0           0         0
## 6  1990        2        0               0           0         0
## 7  1991        2        1               0           0         0
## 8  1992        2        1               0           0         0
## 9  1993        2        1               0           0         0
## 10 1994        3        2               1           0         0
## 11 1995        3        2               1           0         0
## 12 1996        3        3               2           1         0
## 13 1997        3        3               2           1         0
## 14 1998        3        3               2           1         0
## 15 1999        3        3               2           1         0
## 16 2000        3        3               2           1         0
## 17 2001        4        3               2           1         0
## 18 2002        4        4               3           1         0
## 19 2003        4        5               4           1         1
## 20 2004        4        5               4           1         1
## 21 2005        4        5               4           1         1
## 22 2006        5        5               4           1         1
## 23 2007        5        5               4           1         1
## 24 2008        5        5               4           1         1
## 25 2009        5        5               4           1         1
## 26 2010        7        6               5           1         1
## 27 2011        8        6               5           2         1
## 28 2012        8        6               5           3         1
```

```
## 29 2013        8      6           5       4      1
## 30 2014        8      6           5       4      2
## 31 2015        8      6           5       5      5
>library(reshape2)
>library(ggplot2)
>DF=melt(topKW, id='Year')
>ggplot(DF,aes(Year,value, group=variable, color=variable))+geom_
line(size=1)
```

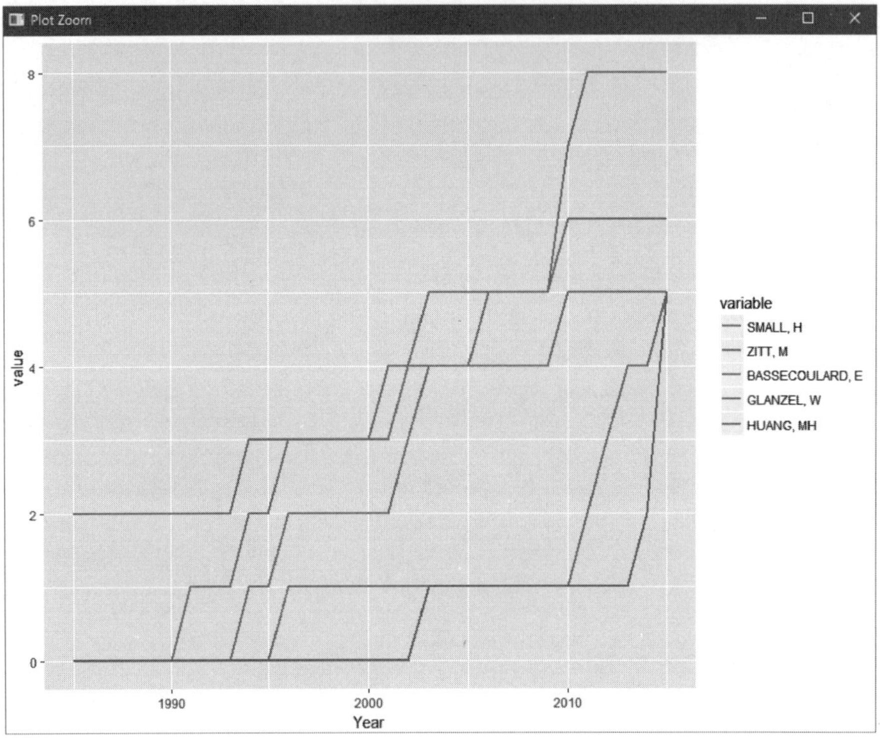

图 3.5 作者发文量累积的时序趋势

3.15 作者 LCS 计算

问题

如何计算作者在本地数据库中的被引次数?

方法

在 R 中使用函数 localCitations[1] 对作者的本地引用频次进行计算。

标准的语言格式为:

```
localCitations(M, results, sep = ";")
```

其中，M 为所分析的数据集;

results 为所分析的对象，默认为 article;

sep 为知识单元的分割方式。

案例

scientometrics 案例数据作者在本地数据库中的被引次数分析。

```
>data(scientometrics)
>results <- biblioAnalysis(scientometrics)
>CR <- localCitations(scientometrics, results, sep = ";")
>CR[1:3]
## CR
##      SMALL H      WHITE HD LEYDESDORFF L
##          189           112            81
```

[1] 关于文献、作者或者其他知识单元字段的被引频次可以按照依托的背景数据库来进行分类，分别为全局被引次数 (Global citation scores，简称 GCS) 和本地被引次数 (Local citation scores，简称 LCS) 。全局被引次数是指某知识元，比如某篇论文在某一大型数据库中被引的频次; 本地被引频次是指，按照某一策略采集的文献数据集在所采集数据中被引的次数。例如，从 WoS 中采集了关于知识图谱的文献数据集，某篇论文在 WoS 中的被引次数成为全局被引次数，该篇论文在所采集数据集中被引的次数为本地被引次数。在数量关系上，全局被引次数要大于或者等于本地被引次数，即 GCS ≥ LCS。

3.16 术语提取

问题

如何利用 R 从科技论文中提取术语?

方法

在 R 中使用 termExtraction 函数来从标题、摘要、关键词等位置提取科学领域的术语。标准的语言格式为:

```
termExtraction(M, Field = "TI", stemming = FALSE, language = 
"english",remove.numbers = TRUE, remove.terms = NULL, keep.terms = 
NULL,synonyms = NULL, verbose = TRUE)
```

其中，M 为所分析的数据集;

Field 为所分析的字段，"TI" 指标题、"AB" 指关键词、"DE" 指补充关键词以及 "ID" 指作者关键词;

stemming 是逻辑值，当选择 TRUE 时将对所分析主题使用 Porter Stemming 算法进行处理，当为 FALSE 时为不做词根化处理;

language 为所分析的数据语言，默认为 language="english"，还可以设置为 "german","italian","french" 或 "spanish";

remove.numbers 可以选择为 TRUE 或 FALSE，默认为 remove.numbers = TRUE，表示在分析中剔除所有的数字;

remove.terms 用于剔除提取的一些术语，默认为 remove.terms = NULL;

keep.terms 用于保留一些术语的原始形式，默认为 keep.terms = NULL;

synonyms 用于对一组相同或者相近术语的合并，默认为 synonyms = NULL;

verbose 为逻辑选项，TRUE 表示显示所提取的高频术语。

案例

从 scientometrics 数据集的标题位置提取术语。

```
>data(scientometrics) # 加载数据
>keep.terms<- c("co-citation analysis","bibliographic coupling") 
# 保留的术语形式
```

```
>scientometrics<- termExtraction(scientometrics, Field = "TI",
remove.numbers=TRUE,remove.terms=NULL, keep.terms=keep.terms,
verbose=TRUE) # 术语的提取

      SCIENCE                ANALYSIS            CITATION        STUDY
           28                      25                  20           20
  CO-CITATION               STRUCTURE CO-CITATION-ANALYSIS BIBLIOMETRIC
           18                      18                  17           13
      MAPPING                  PATENT          SCIENTIFIC INTELLECTUAL
           13                      13                  13           12
     NETWORKS BIBLIOGRAPHIC-COUPLING                CASE      JOURNAL
           11                      10                   9            9
      NETWORK                  AUTHOR               BASED   CLUSTERING
            9                       8                   7            7
 CO-CITATIONS                  FRONTS           KNOWLEDGE  COMPARATIVE
            7                       7                   7            6
      LIBRARY
            6
>scientometrics$TI_TM[1:5] # 从前 5 篇论文中提取的术语
## [1] "COMPREHENSIVE;PATENT;CITATION;NETWORK;CPC;EVALUATE;PATENT"
## [2] "BIBLIOGRAPHIC-COUPLING;HIERARCHICAL;CLUSTERING;VALIDATION;I
MPROVEMENT;SUBJECT-CLASSIFICATION;SCHEMES"
## [3] "STATISTICAL;TESTS;RECORDS;SEARCH"
## [4] "EVOLUTION;SUBJECTS;LIBRARY;SCIENCE;BASED;KEYWORD;BIBLIOGRAP
HICAL;COUPLING;CO-CITATION;ANALYSES"
## [5] "INTELLECTUAL;PROCESSES;SCIENCES;SIMULATED;ANTICIPATION;VISU
ALIZATION;FUTURE;STATES"
```

从 scientometrics 数据集的摘要位置提取术语。

```
>data(scientometrics) # 加载数据
>remove.terms=c("analysis","bibliographic") # 剔除的术语
```

```
>scientometrics<- termExtraction(scientometrics, Field = "AB", stemming=TRUE,language="english",remove.numbers=TRUE, remove.terms=remove.terms, keep.terms=NULL, verbose=TRUE) # 术语的提取
## CO-CIT    CITAT    STUDI    SCIENC    CLUSTER    JOURNAL    NETWORK    AUTHOR  PAPER
##   212      170      170      144        136        136        125        121    119
## METHOD    PATENT    FIELD    ARTICL    MAP BASE    IDENTIFI  STRUCTUR           COUPL
##   110      110      108      96         96          79         79          79     76
## PUBLIC     CITE     DOCUMENT  SCIENTIF  APPROACH  TECHNOLOG    DATA
##   72        68       66        65         63        60          59
>scientometrics$AB_TM[1] # 从第一篇论文摘要中提取的术语
##[1] "APPROACH;PATENT;CITAT;NETWORK;BASE;SINGLE-PAT;DIRECT;CITAT;RELAT;INCOMPLET;UNDERSTAND;NATUR;KNOWLEDG;FLOW;PATENT;PAIR;INCAP;OBJECT;EVALU;PATENT;PAPER;TYPE;PATENT;CITAT;NETWORK;DIRECT;CITAT;INDIRECT;CITAT;COUPL;CO-CIT;NETWORK;COMBIN;FILTER;RECOMPOS;BASE;RELAT;ALGEBRA;METHOD;BASE;COMPREHENS;PATENT;CITAT;CPC;NETWORK;PATENT;EVALU;PROPOS;EMPIR;STUDI;OPTIC;DISK;TECHNOLOG;PATENT;CONDUCT;BASE;METHOD;EMPIR;STUDI;CARRI;STEP;OBSERV;NETWORK;CHARACTERIST;ENTIR;PROCESS;CITAT;TIME;LAG;TOPOLOG;GRAPHIC;CHARACTERIST;MEASUR;VERIF;INDEPEND;PROXI;PATENT;PATENT;FAMILI;PATENT;DURAT;CPC;NETWORK;RETAIN;ADVANTAG;PATENT;DIRECT;CITAT;PERFORM;BETTER;TOPOLOG;STRUCTUR;GRAPHIC;FEATUR;CENTRAL;DISTRIBUT;CITAT;LAG;SENSIT;DIRECT;CITAT;NETWORK;VERIFI;PATENT;FAMILI;MAINTEN;PROPOS;METHOD;COVER;VALUABL;PATENT;TRADIT;METHOD"
```

从 scientometrics 数据集的补充关键词位置提取术语。

```
> data(scientometrics) # 加载数据
> synonyms<- c("citation; citation analysis", "h-index; index; impact factor") # 相似术语的合并
> scientometrics<- termExtraction(scientometrics, Field = "ID",synonyms=synonyms, verbose=TRUE) # 术语的提取
```

```
##       SCIENCE     COCITATION              ANALYSIS    SCIENTIFIC
##            54             45                    39            38
##      NETWORKS       CITATION            INDICATORS    LITERATURE
##            23             19                    17            16
##        AUTHOR  COLLABORATION          INTELLECTUAL            NA
##            13             13                    13            13
##     KNOWLEDGE    LITERATURES             STRUCTURE      JOURNALS
##            12             12                    12            10
##    TECHNOLOGY    CO-CITATION   INFORMATION-SCIENCE    MANAGEMENT
##            10              9                     9             9
##      PATTERNS  BIBLIOMETRICS             DOCUMENTS    INNOVATION
##             8              7                     7             7
##          MAPS
##             7
```

第 4 讲

R 科学数据可视化

4.1 知识单元出现矩阵

问题

如何使用 R 创建知识单元出现矩阵?

方法

在 R 中使用 cocMatrix 函数来构建非对称的出现矩阵[1]。得到一个行代表论文、列代表知识单元的矩阵。

标准的语言格式为:

```
cocMatrix(M, Field = "AU", type = "sparse", sep = ";")
```

其中，M 为所分析的数据集;

Field 为要分析的字段，可以为 AU（作者）、SO（出版物）、JI（期刊）、DE（作者关键词）、ID （补充关键词）以及 CR（参考文献）;

type 为矩阵的类型，有 type = "matrix" 或 type = "sparse" 两种;

sep 为分隔符。

[1] CocMatrix 构建的矩阵为 0-1 出现矩阵（设为 A），矩阵的行是论文，列为某知识单元。例如，所构建的论文—期刊的矩阵的元素反映了论文是否发表在某期刊上，是则数据为 1，否则数据为 0。某一列的数据相加，则可以知道某个期刊上发表的论文总数。这类矩阵主要表现的是论文与某知识单元的关系，构建的网络称为 Bipartite networks（二分网络）。

案例

从 safety culture 的数据中提取论文—作者矩阵的过程。

```
>library(bibliometrix) # 加载 bibliometrix 工具包
>setwd("D:/safety culture")   # 设置工作目录
>D <- readFiles("data1.txt","data2.txt")  # 读取数据文件，<- 表示赋值，等同于 =
>safetyculture<- convert2df(D, dbsource = "isi", format = "plaintext") # 数据的转换，dbsource 可以是 isi 或者 scopus
## Articles extracted  100
## Articles extracted  200
## Articles extracted  300
## Articles extracted  400
## Articles extracted  500
## Articles extracted  600
## Articles extracted  700
## Articles extracted  800
## Articles extracted  900
## Articles extracted  969
> WA <- cocMatrix(safetyculture, Field = "AU", type = "sparse", sep = ";") # 文献 × 作者出现矩阵分析
```

将出现矩阵转化为 data frame 格式（图 4.1）。

```
> WA_dataframe=as.data.frame.matrix(WA)
> View(WA_dataframe)
```

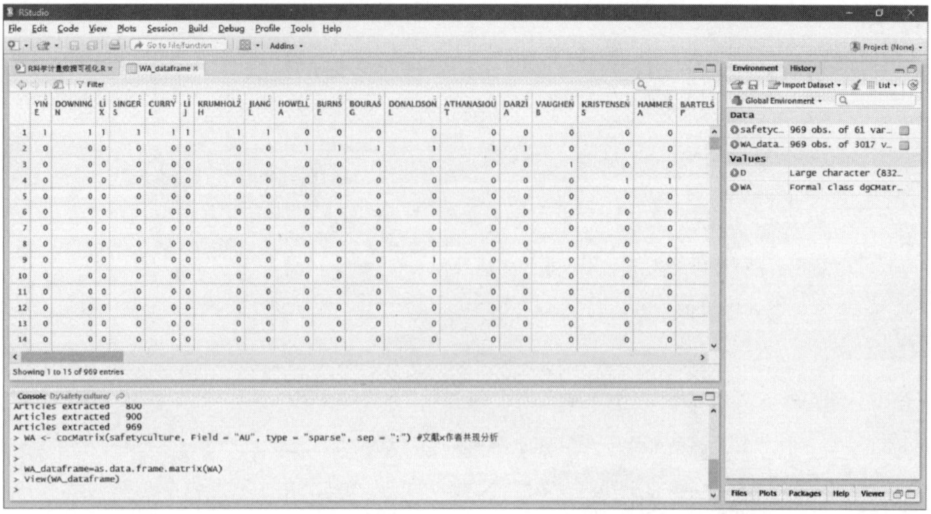

图 4.1　换成为 data frame 格式矩阵

将得到的矩阵导出成 csv 格式（图 4.2）。

```
> write.csv(NetMatrix_dataframe, file="mydataframe.csv")#mydataframe.
csv 文件会默认保存在数据文件夹中
```

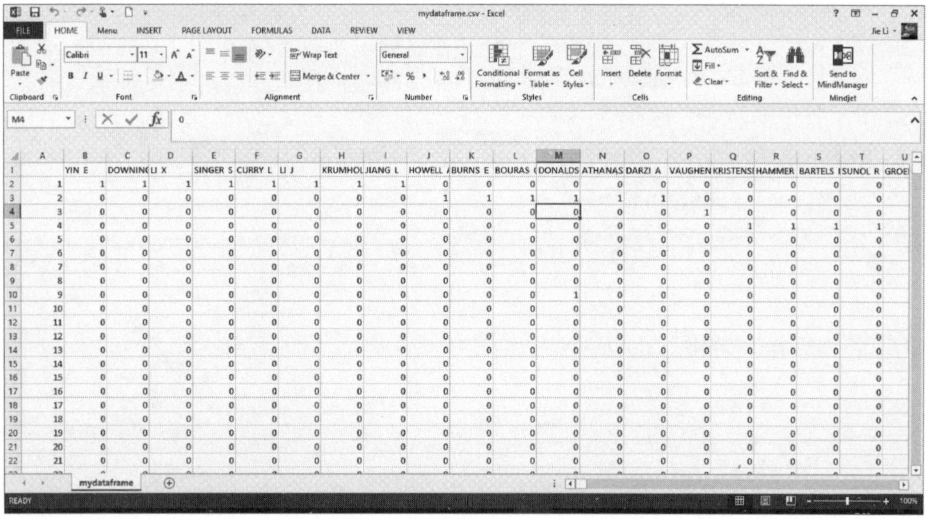

图 4.2　R 中导出的出现矩阵

计算出现矩阵某列的数值总数。

```
> WA <- cocMatrix(safetyculture, Field = "AU",type = "sparse",sep =
";") # 文献 - 作者出现矩阵分析
> sort(Matrix::colSums(WA), decreasing = TRUE)[1:10]
     THOMAS  E       WAGNER  C  ETCHEGARAY  J   PRONOVOST  P
            16              13              10              10
     SEXTON  J SCHWENDIMANN  R      VERHEIJ  T        ZWART  D
            10               8               7               7
     PROFIT  J       REIMAN  T
             7               7
```

4.2 知识单元共现矩阵

问题

如何使用 R 创建知识单元的共现矩阵?

方法

在 R 中可以使用 biblioNetwork 构建文献知识单元矩阵 ❶ 网络。

标准的语言格式为：

```
biblioNetwork(M, analysis = "coupling", network = "authors", sep = ";")
```

其中，M 为所分析的数据集；

analysis 用来设置所采用的分析方法，包含 "collaboration"（合作网络），"coupling"（文献耦合）,"co-occurrences（共现网络）" 或者 "co-citation（共被引网络）"，默认值为 analysis = "coupling"；

network 为分析的网络类型，包含 "authors"，"references"，"sources"，"countries"，"keywords（指的是分析补充关键词）"，"author_keywords（分析作

❶ 通过 biblioNetwork 构建的网络为共现网络，对应的矩阵为方阵（B）。这里的方阵 B 可以通过 A 与 A^T 的运算来获得。耦合网络的运算为 $B=A\times A^T$，这里的 A 就是通过 cocMatrix 分析得到的出现矩阵。矩阵 B 中的 b_{ij} 表示的就是在论文 i 和 j 之间的耦合强度。文献共被引、合作网络或者其他共现网络的运算为 $C=A^T\times A$，C 也为对称方阵。

者关键词）", "titles" 或 "abstracts" 默认为 network = "authors"。

由此生成的网络类型有：

Collaboration Networks

- Authors collaboration (analysis = "collaboration", network = "authors")

- University collaboration (analysis = "collaboration", network = universities")

- Country collabortion (analysis= "collaboration", network = "countries")

Co-citation Networks

- Authors co-citation (analysis = "co-citation", network = "authors")

- Reference co-citation (analysis = "co-citation", network = "references")

- Source co-citation (analysis = "co-citation", network = "sources")

Coupling Networks

- Manuscript coupling (analysis = "coupling", network = "references")

- Authors coupling (analysis = "coupling", network = "authors")

- Source coupling (analysis = "coupling", network = "sources")

- Country coupling (analysis = "coupling", network = "countries")

Co-occurrences Networks

- Authors co-occurrences (analysis = "co-occurrences", network = "authors")

- Source co-occurrences (analysis = "co-occurrences", network = "sources")

- Keyword co-occurrences (analysis = "co-occurrences", network = "keywords")

- Author-Keyword co-occurrences (analysis = "co-occurrences", network = "author_keywords")

- Title content co-occurrences (analysis = "co-occurrences", network = "titles")

- Abstract content co-occurrences (analysis = "co-occurrences", network = "abstracts")

sep 为知识单元之间的分隔符。

案例

通过 safety culture 数据构建作者的合作矩阵。

```
>library(bibliometrix) # 加载 bibliometrix 工具包
>setwd("D:/safety culture")   # 设置工作目录
>D <- readFiles("data1.txt","data2.txt")   # 读取数据文件，<- 表示赋值，等同于 =
>safetyculture<- convert2df(D, dbsource = "isi", format = "plaintext") # 数据的转换，dbsource 可以是 isi 或者 scopus
## Articles extracted   100
## Articles extracted   200
## Articles extracted   300
## Articles extracted   400
## Articles extracted   500
## Articles extracted   600
## Articles extracted   700
## Articles extracted   800
## Articles extracted   900
## Articles extracted   969
>NetMatrix <- biblioNetwork(safetyculture, analysis = "collaboration",network = "authors", sep = ";") # 作者合作网络分析，产生一个共现矩阵
```

将共现矩阵转换成 data frame 格式（图 4.3）。

```
NetMatrix_dataframe=as.data.frame.matrix(NetMatrix)
```

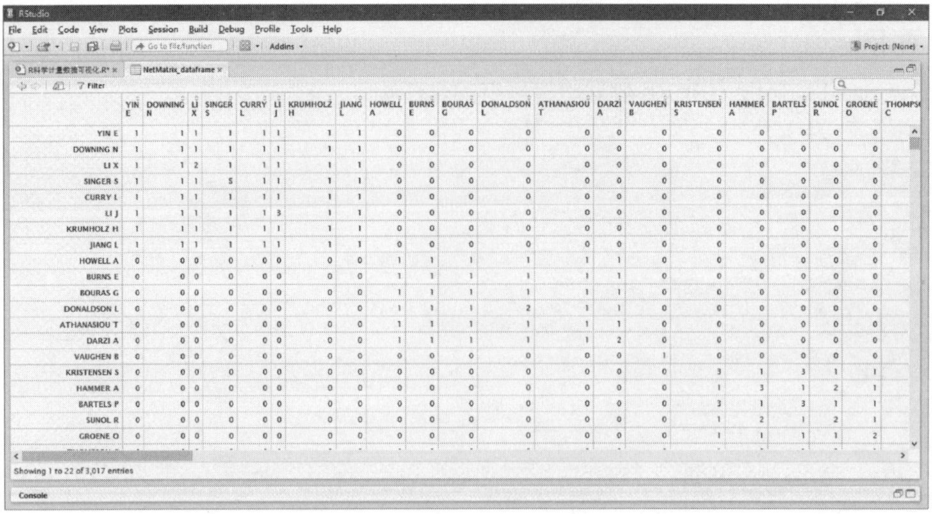

	YIN E	DOWNING N	LI X	SINGER S	CURRY L	LI J	KRUMHOLZ H	JIANG L	HOWELL A	BURNS E	BOURAS G	DONALDSON L	ATHANASIOU T	DARZI A	VAUGHEN B	KRISTENSEN S	HAMMER A	BARTELS P	SUNOL R	GROENE O	THOMPS C
YIN E	1	1	1	1	1	1	1	1	0	0	0	0	0	0	0	0	0	0	0	0	
DOWNING N	1	1	1	1	1	1	1	1	0	0	0	0	0	0	0	0	0	0	0	0	
LI X	1	1	2	1	1	1	1	1	0	0	0	0	0	0	0	0	0	0	0	0	
SINGER S	1	1	1	5	1	1	1	1	0	0	0	0	0	0	0	0	0	0	0	0	
CURRY L	1	1	1	1	1	1	1	1	0	0	0	0	0	0	0	0	0	0	0	0	
LI J	1	1	1	1	1	3	1	1	0	0	0	0	0	0	0	0	0	0	0	0	
KRUMHOLZ H	1	1	1	1	1	1	1	1	0	0	0	0	0	0	0	0	0	0	0	0	
JIANG L	1	1	1	1	1	1	1	1	0	0	0	0	0	0	0	0	0	0	0	0	
HOWELL A	0	0	0	0	0	0	0	0	1	1	1	1	1	1	0	0	0	0	0	0	
BURNS E	0	0	0	0	0	0	0	0	1	1	1	1	1	1	0	0	0	0	0	0	
BOURAS G	0	0	0	0	0	0	0	0	1	1	1	1	1	1	0	0	0	0	0	0	
DONALDSON L	0	0	0	0	0	0	0	0	1	1	1	2	1	1	0	0	0	0	0	0	
ATHANASIOU T	0	0	0	0	0	0	0	0	1	1	1	1	1	1	0	0	0	0	0	0	
DARZI A	0	0	0	0	0	0	0	0	1	1	1	1	1	2	0	0	0	0	0	0	
VAUGHEN B	0	0	0	0	0	0	0	0	0	0	0	0	0	0	1	0	0	0	0	0	
KRISTENSEN S	0	0	0	0	0	0	0	0	0	0	0	0	0	0	0	3	1	3	1	1	
HAMMER A	0	0	0	0	0	0	0	0	0	0	0	0	0	0	0	1	3	1	2	1	
BARTELS P	0	0	0	0	0	0	0	0	0	0	0	0	0	0	0	3	1	3	1	1	
SUNOL R	0	0	0	0	0	0	0	0	0	0	0	0	0	0	0	1	2	1	2	1	
GROENE O	0	0	0	0	0	0	0	0	0	0	0	0	0	0	0	1	1	1	1	2	

Showing 1 to 22 of 3,017 entries

图 4.3　知识单元的共现矩阵

4.3　出现矩阵的子矩阵

问题

如何从整体的出现矩阵中按照知识单元频次提取子矩阵?

方法

在得到出现矩阵后，通过对矩阵的再处理来实现子矩阵的提取。

案例

从案例数据 scientometrics 的文献—补充关键词的整体矩阵中提取关键词词频大于等于 5 的文献—补充关键词矩阵。

```
# 获取文献—补充关键词矩阵
> library("bibliometrix")
> data(scientometrics)
> WA <- cocMatrix(scientometrics, Field = "ID", type = "sparse", sep = ";")
> WA_dataframe=as.data.frame.matrix(WA)
```

```
# 为方便计算，将所获取的文献—关键词矩阵进行转置
> WA_dataframe_t=t(WA_dataframe)
# 对转置后的矩阵的每一行进行求和，可以获得关键词的总词频数
WA_dataframe_sum=as.data.frame(apply(WA_dataframe_t,1,sum))
# 将所求得的和作为一列与转置后的矩阵进行拼接
> WA_dataframe_cbind=cbind(WA_dataframe_t,WA_dataframe_sum)
# 抽取词频大于等于 5 的关键词
> WA_dataframe_select=subset(WA_dataframe_cbind,WA_dataframe_
cbind[,dim(WA_dataframe_cbind)[2]]>=5)
# 删除最后和的那一列，获得了完整的一定词频下的文献—关键词矩阵
> WA_dataframe_matrix=WA_dataframe_select[,-dim(WA_dataframe_
select)[2]]
# 保存该矩阵
> write.csv(WA_dataframe_matrix,file="WA_dataframe_matrix.csv")
```

结果保存在对应的文件夹中，可以使用 EXCEL 打开（图 4.4）。

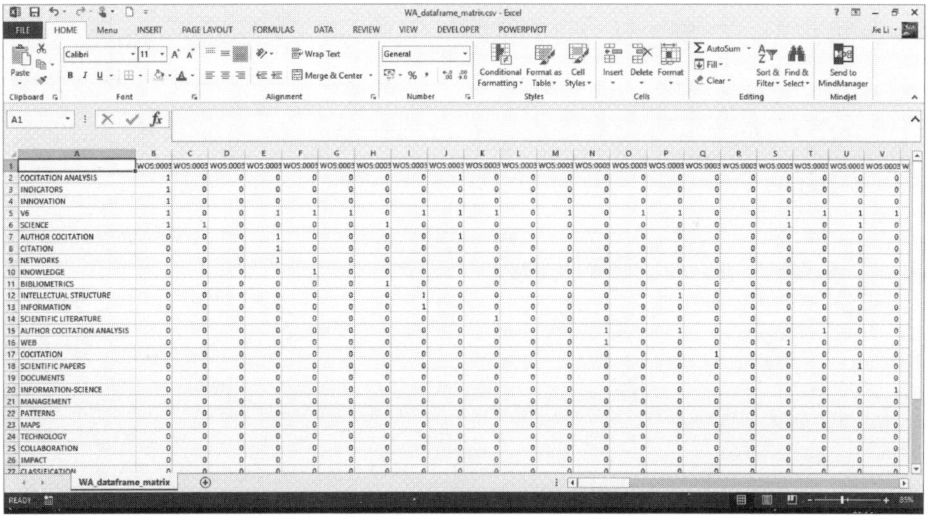

图 4.4　文献—补充关键词矩阵（关键词词频大于等于 5）

4.4 共现矩阵的子矩阵

问题

如何从整体共现矩阵中按照知识单元频次提取子矩阵?

方法

在得到共现矩阵后，通过对矩阵的再处理来实现子矩阵的提取。

案例

对案例数据 scientometrics 进行数据分析的结果。

```
> library("bibliometrix")
> data(scientometrics)
# 该分析中需要使用 OpenMx，开始之前先安装和加载该工具包
> install.packages("OpenMx")
>library(OpenMx)
# 获取关键词矩阵
>NetMatrix <- biblioNetwork(scientometrics, analysis = "co-occurrences", network = "keywords", sep = ";")
>NetMatrix_dataframe=as.data.frame.matrix(NetMatrix)
# 提取矩阵对角线数值，矩阵对角线数值就是关键词词频
>diagonal_number=as.data.frame(diag2vec(NetMatrix_dataframe))
# 将对角线数值与原始数据组合构建新的矩阵
>new_matrix=cbind(NetMatrix_dataframe,diagonal_number)
# 选取关键词词频总数大于等于 10 的关键词
>new_matrix_filtering=subset(new_matrix,new_matrix[,dim(new_matrix)[2]]>=10)
# 将筛选后的矩阵再次进行转置
>new_matrix_filtering_t=t(new_matrix_filtering[,-dim(new_matrix_filtering)[2]])
# 将之前获得的对角线数值与该矩阵进行组合构建新的矩阵
```

```
>new_matrix_filtering_t_cbind=cbind(new_matrix_filtering_t,diagonal_number)
# 选取关键词词频总数大于等于 10 的关键词
>new_matrix_filtering_t_cbind_select=subset(new_matrix_filtering_t_cbind,new_matrix_filtering_t_cbind[,dim(new_matrix_filtering_t_cbind)[2]]>=10)
# 删除最后一列，形成最终矩阵
>matrix_final=new_matrix_filtering_t_cbind_select[,-dim(new_matrix_filtering_t_cbind_select)[2]]
# 保存该矩阵
>write.csv(matrix_final,file="matrix_final.csv")
```

最后，得到的目标矩阵如图 4.5。

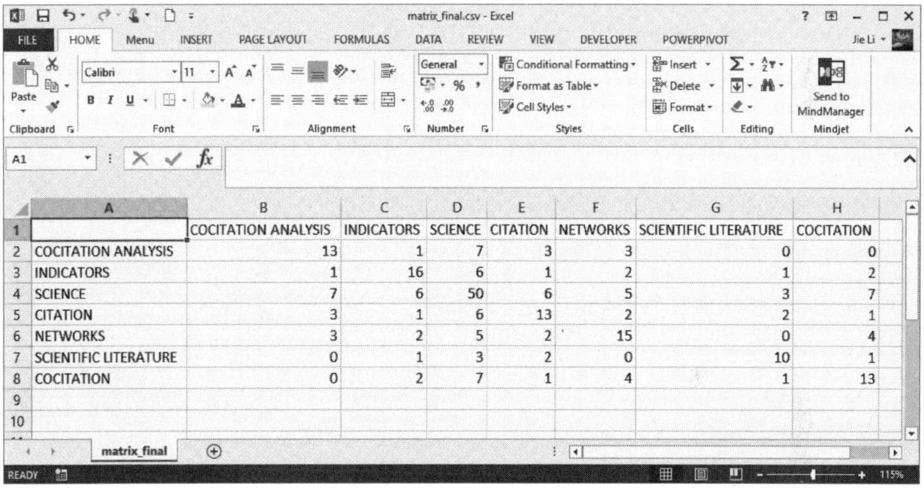

	COCITATION ANALYSIS	INDICATORS	SCIENCE	CITATION	NETWORKS	SCIENTIFIC LITERATURE	COCITATION
COCITATION ANALYSIS	13	1	7	3	3	0	0
INDICATORS	1	16	6	1	2	1	2
SCIENCE	7	6	50	6	5	3	7
CITATION	3	1	6	13	2	2	1
NETWORKS	3	2	5	2	15	0	4
SCIENTIFIC LITERATURE	0	1	3	2	0	10	1
COCITATION	0	2	7	1	4	1	13

图 4.5　共现矩阵的子矩阵（词频大于等于 10）

4.5 共现矩阵标准化

问题

如何对得到的矩阵进行标准化处理?

方法

在 R 中提供了 normalizeSimilarity 对 NetMatrix 矩阵进行标准化处理。

标准的语言格式为:

```
normalizeSimilarity(NetMatrix, type = "association")
```

其中，NetMatrix 是由 biblioNetwork 或者 cocMatrix 得到的矩阵;

type 表示对矩阵所使用的标准化方法，可以为 "association"、"jaccard"、"inclusion"、"salton" 以及 "equivalence"，默认为 type = "association"。依次得到 Association Strength, Jaccard, Inclusion, Salton 或者 Equivalence 相似度指数[1]。

案例

对 scientometrics 案例数据共词矩阵的标准化。

```
>library("bibliometrix")
>data(scientometrics)
>NetMatrix <- biblioNetwork(scientometrics, analysis = "co-occurrences",network = "keywords", sep = ";")
>S=normalizeSimilarity(NetMatrix, type = "salton")
>S_dataframe=as.data.frame.matrix(S)
>write.csv(S_dataframe, file="Sframe.csv")
>View(S_dataframe)
```

标准化后，得到的目标矩阵如图 4.6 所示。

---

[1] 对共现矩阵的标准化是文献图谱分析过程中的一个基本步骤，常用的方法有 Association Strength, Jaccard, Inclusion, Salton（Cosine 标准化） 或者 Equivalence。在 VOSviewer 中嵌入的主要方法为关联强度（Association Strength），CiteSpace 中嵌入了 Cosine，Dice 和 Jaccard。

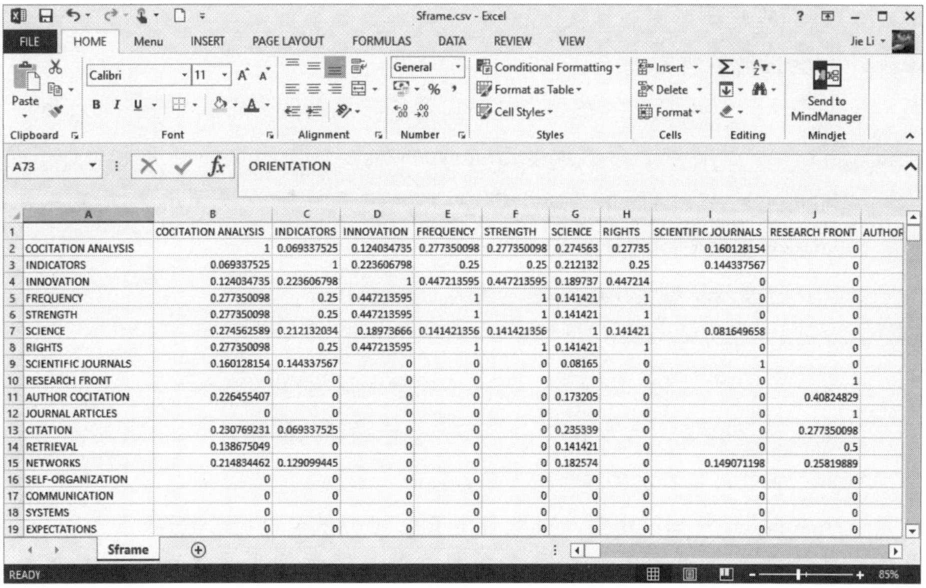

	COCITATION ANALYSIS	INDICATORS	INNOVATION	FREQUENCY	STRENGTH	SCIENCE	RIGHTS	SCIENTIFIC JOURNALS	RESEARCH FRONT	AUTHOR
COCITATION ANALYSIS	1	0.069337525	0.124034735	0.277350098	0.277350098	0.274563	0.27735	0.160128154	0	
INDICATORS	0.069337525	1	0.223606798	0.25	0.25	0.212132	0.25	0.144337567	0	
INNOVATION	0.124034735	0.223606798	1	0.447213595	0.447213595	0.189737	0.447214	0	0	
FREQUENCY	0.277350098	0.25	0.447213595	1	1	0.141421	1	0	0	
STRENGTH	0.277350098	0.25	0.447213595	1	1	0.141421	1	0	0	
SCIENCE	0.274562589	0.212132034	0.18973666	0.141421356	0.141421356	1	0.141421	0.081649658	0	
RIGHTS	0.277350098	0.25	0.447213595	1	1	0.141421	1	0	0	
SCIENTIFIC JOURNALS	0.160128154	0.144337567	0	0	0	0.08165	0	1	0	
RESEARCH FRONT	0	0	0	0	0	0	0	0	1	
AUTHOR COCITATION	0.226455407	0	0	0	0	0.173205	0	0	0.40824829	
JOURNAL ARTICLES	0	0	0	0	0	0	0	0	1	
CITATION	0.230769231	0.069337525	0	0	0	0.235339	0	0	0.277350098	
RETRIEVAL	0.138675049	0	0	0	0	0.141421	0	0	0.5	
NETWORKS	0.214834462	0.129099445	0	0	0	0.182574	0	0.149071198	0.25819889	
SELF-ORGANIZATION	0	0	0	0	0	0	0	0	0	
COMMUNICATION	0	0	0	0	0	0	0	0	0	
SYSTEMS	0	0	0	0	0	0	0	0	0	
EXPECTATIONS	0	0	0	0	0	0	0	0	0	

图 4.6　共现矩阵的标准化结果

4.6　网络的可视化

问题

在 R 中如何对科学知识网络进行可视化[1]？

方法

在 R 中提供了 networkPlot 函数来对知识网络进行可视化分析。

标准的语言格式为：

```
networkPlot(NetMatrix, n = 20, Title = "Plot", type = "kamada",
labelsize = 1, vos.path = NULL, size = FALSE, noloops = TRUE,
remove.multiple = TRUE, remove.isolates = FALSE)
```

其中，NetMatrix 是通过 biblioNetwork 函数构建的网络文件；

[1] 网络可视化通常是将生成的矩阵转换成相关软件可以读取的网络文件，并进行可视化展示的过程。在 R 中提供了专门用于进行网络可视化的工具包。biblioNetwork 生成的 VOSviewer.net 文件不仅可以使用 VOSviewer 进行可视化，也可以使用 pajek、gephi 等网络可视化工具进行可视化。

n 表示可视化图形中的节点数量；

Title 为图形的题名；

type 表示网络可视化的布局形式。包含的布局有圆形布局 type="circle"，球形布局 type="sphere"，多维尺度布局 type="mds"，Fruchterman-Reingold 布局 type="fruchterman"，Kamada-Kawai 布局，type="kamada" 以及 type="vosviewer" 通过 VOSviewer 来进行可视化；

labelsize 表示标签大小的调整，默认 labelsize=1；

vos.path 表示 VOSviewer.jar 所在的路径；

size 为逻辑值，当为 TRUE 时，节点按照出现频次的比例显示；

noloops 为逻辑值，当为 TRUE 时，节点的自循环将被删除；

remove.multiple 表示删除一些多余连接；

remove.isolates 为逻辑值，当为 TRUE 时，孤立的节点将被删除。

Bibliometrix 1.7 工具包的 networkPlot 对参数功能进行了完善：

```
networkPlot(NetMatrix, n = NULL, Degree = NULL, Title = "Plot",
type = "kamada", labelsize = 1, halo = FALSE, cluster = "walktrap",
vos.path = NULL, size = FALSE, curved = FALSE, noloops = TRUE,
remove.multiple = TRUE, remove.isolates = FALSE, weighted = NULL,
edgesize = 1)
```

其中，补充的 Degree 表示节点的最小频次；

halo 为逻辑值，当为 TRUE 时聚类的结果会按照不同的的颜色进行填充；

cluster 表示聚类所选用的方法，这里提供了 optimal", "lovain", "infomap", "edge_betweenness" 以及 "walktrap" 五种聚类方法；

curved 也为逻辑值，当为 TRUE 时为曲线，为 FALSE（默认）时为直线；

weighted 代表网络类型的设置，默认为 TRUE（加权图）；

edgesize 为边宽度的设置。

案例

使用 safety culture 数据进行作者的合作网络分析，网络的可视化结果如图 4.7。

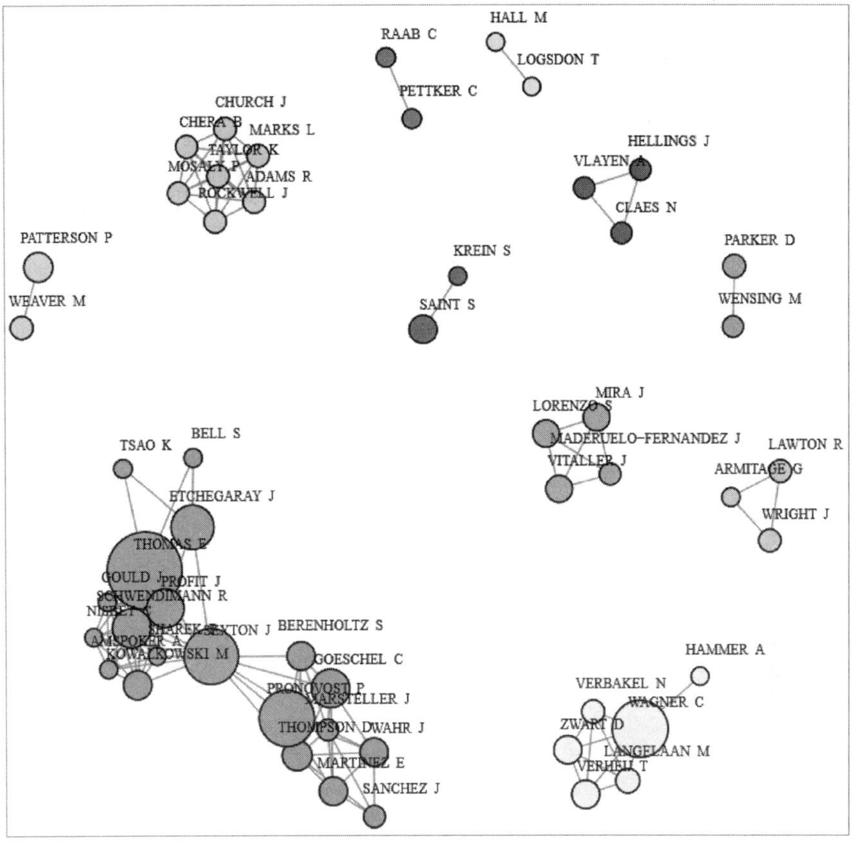

图 4.7　网络的可视化

```
>library(bibliometrix) # 加载 bibliometrix 工具包
>setwd("D:/safety culture")   # 设置工作目录
>D <- readFiles("data1.txt","data2.txt")  # 读取数据文件，<- 表示赋值，等同于 =
>safetyculture<- convert2df(D, dbsource = "isi", format = "plaintext") # 数据的转换，dbsource 可以是 isi 或者 scopus
## Articles extracted   100
## Articles extracted   200
## Articles extracted   300
```

```
## Articles extracted   400
## Articles extracted   500
## Articles extracted   600
## Articles extracted   700
## Articles extracted   800
## Articles extracted   900
## Articles extracted   969
>NetMatrix <- biblioNetwork(safetyculture, analysis = "collaboration",network = "authors", sep = ";") # 作者合作网络分析，产生一个网络
>net <- networkPlot(NetMatrix, n = 50, type = "kamada",Title = "Collaboration",labelsize=0.7,remove.isolates = TRUE,size = TRUE) # 网络的可视化及属性调整
```

4.7 VOSviewer 的可视化

问题

如何生成一个可以使用 VOSviewer[1] 进行可视化的网络文件？

方法

在 R 中的 networkPlot 可以对可视化的形式进行设置，例如：

```
net=networkPlot(NetMatrix, n = 200,labelsize = 0.5, Title = "Co-Citation Network", vos.path = "D:/safety culture", type = "vosviewer", size=T, remove.multiple=T)
```

利用 bibliometrix 生成 VOSviewer 可以处理的文件的步骤为：

首先，该功能需要用户从 VOSviewer 软件的主页下载 VOSviewer.jar 格式的软

[1] VOSviewer 是由荷兰莱顿大学 CWTS（科技研究中心）的研究员 Nees Jan van Eck 和 Ludo Waltman 开发的。两位学者都出生于 1982 年，2010 年两位同时毕业于荷兰的鹿特丹伊拉斯姆斯大学。Nees 和 Ludo 是当前在科学计量与知识图谱领域很活跃和有潜力未来获得普赖斯奖的年轻学者。VOSviewer 目前是免费的文献网络可视化软件，下载地址为：http://www.vosviewer.com

件，然后放置在数据文件夹中。在进行网络的可视化时，对 vos.path 进行设置即可，在运行本节案例代码后，会在 vos.path 的文件夹中产生一个 vosnetwork.net 文件。vosnetwork.net 可以使用 VOSviewer 软件打开，并进行可视化。

案例

对 safety culture 数据集的文献共被引分析及 VOSviewer 可视化的结果（图 4.8）。

```
>library(bibliometrix) # 加载 bibliometrix 工具包
>setwd("D:/safety culture")   # 设置工作目录
>D <- readFiles("data1.txt","data2.txt")  # 读取数据文件，<- 表示赋值，等同于 =
>safetyculture<- convert2df(D, dbsource = "isi", format = "plaintext") # 数据的转换，dbsource 可以是 isi 或者 scopus
## Articles extracted  100
## Articles extracted  200
## Articles extracted  300
## Articles extracted  400
## Articles extracted  500
## Articles extracted  600
## Articles extracted  700
## Articles extracted  800
## Articles extracted  900
## Articles extracted  969
>NetMatrix <- biblioNetwork(safetyculture, analysis = "co-citation", network = "references", sep = ".  ") # 文献共被引网络分析
>net=networkPlot(NetMatrix, n = 200,labelsize = 0.5, Title = "Co-Citation Network", vos.path = "D:/safety culture", type = "vosviewer", size=T, remove.multiple=T) # 网络可视化
Warning message:
running command 'java -jar D:/safety culture/VOSviewer.jar -pajek_network D:/safety culture/vosnetwork.net' had status 127
```

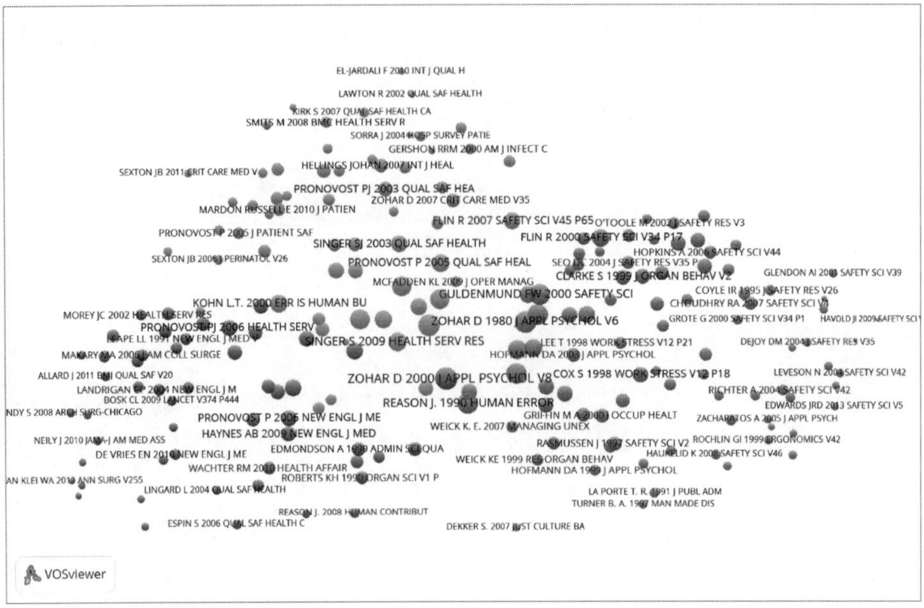

图 4.8　VOSviewer 中对结果的可视化 ❶

4.8　合作网络可视化

问题

如何在 R 中进行合作网络的分析?

方法

使用 biblioNetwork 函数来对合作网络进行分析 ❷。

标准的语言格式为:

biblioNetwork(M, analysis="collaboration", network="authors", sep = ";")

案例

(1) safety culture 的作者合作网络分析及可视化结果(图 4.9)。

---

❶ 可视化步骤:打开 VOSviewer ► Create ► Create a map based on network data ► Pajek ► 读取 Pajek network file。

❷ 在科学计量学中,合作网络的分析可以分为三个维度:微观、中观和宏观。网络的类型分别为作者的合作网络、机构的合作网络以及国家或地区的合作网络。

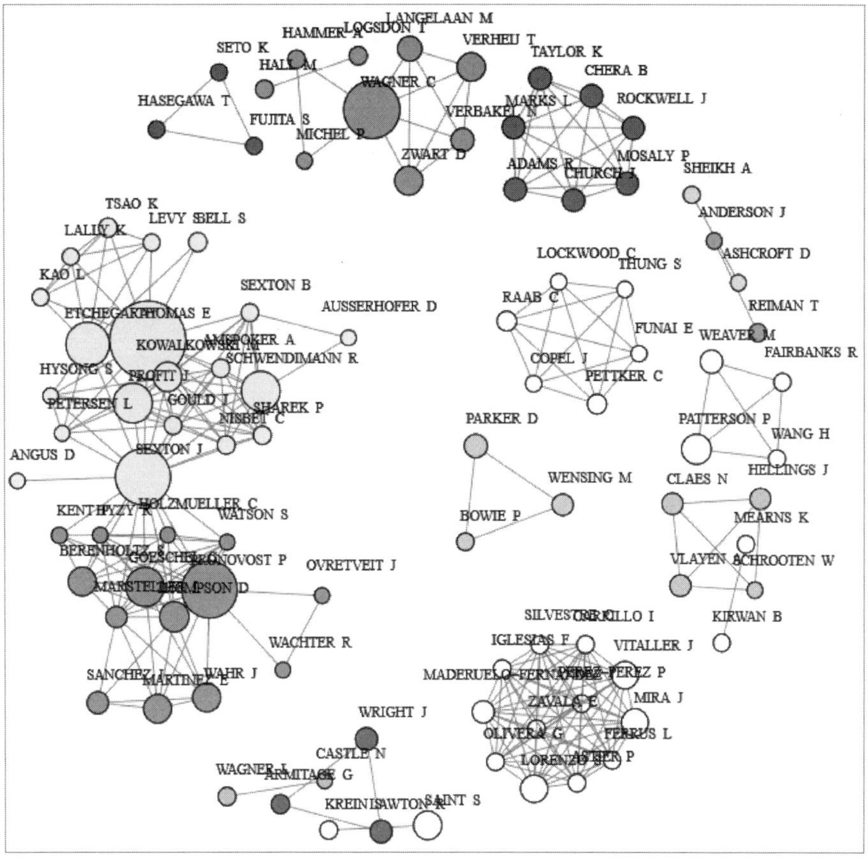

图 4.9　作者的合作网络

```
>library(bibliometrix) # 加载 bibliometrix 工具包
>setwd("D:/safety culture")   # 设置工作目录
>D <- readFiles("data1.txt","data2.txt")  # 读取数据文件，<- 表示赋值，等同于 =
>safetyculture<- convert2df(D, dbsource = "isi", format = "plaintext") # 数据的转换，dbsource 可以是 isi 或者 scopus
## Articles extracted  100
## Articles extracted  200
## Articles extracted  300
## Articles extracted  400
```

```
## Articles extracted   500
## Articles extracted   600
## Articles extracted   700
## Articles extracted   800
## Articles extracted   900
## Articles extracted   969
> NetMatrix <- biblioNetwork(safetyculture, analysis = "collaboration",network = "authors", sep = ";") #作者合作网络分析，产生一个网络
> net <- networkPlot(NetMatrix, n = 100, type = "kamada",Title = "Collaboration",labelsize=0.7,remove.isolates = TRUE,size = TRUE) #网络的可视化及属性调整
```

（2）safety culture的国家或地区的合作网络分析过程及可视化结果（图4.10）。

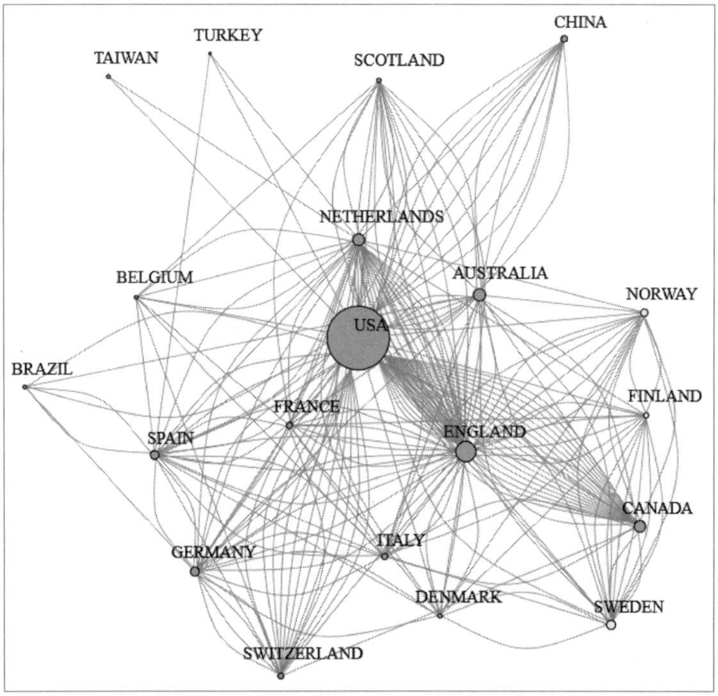

图 4.10　国家的合作网络

```
>safetyculture<- metaTagExtraction(safetyculture, Field = "AU_CO", sep = ";")  # 创建国家或地区的合作网络
>NetMatrix <- biblioNetwork(safetyculture, analysis = "collaboration", network = "countries", sep = ";") # 创建国家或地区的合作网络
>net=networkPlot(NetMatrix, n = 20, Title = "Country Collaboration", type = "kamada", size=TRUE, remove.multiple=FALSE,remove.isolates = TRUE) # 网络的可视化
```

（3）safety culture 机构的合作网络分析过程及可视化结果（图 4.11）。

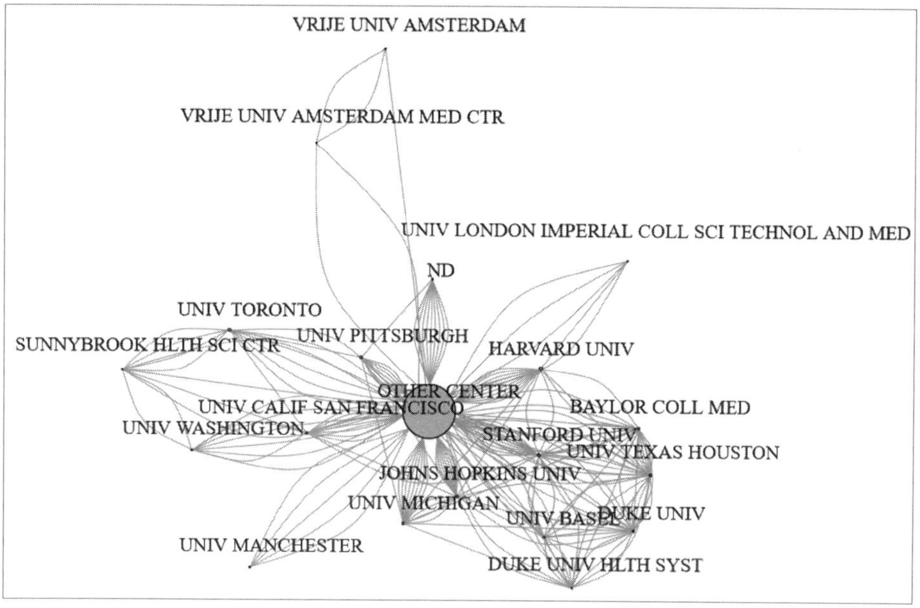

图 4.11　机构的合作网络

```
>safetyculture<- metaTagExtraction(safetyculture, Field = "AU_UN", sep = ";")  # 创建机构的合作网络
>NetMatrix <- biblioNetwork(safetyculture, analysis = "collaboration", network = "universities", sep = ";") # 创建机构的合作网络
>net=networkPlot(NetMatrix, n = 20, Title = "Country Collaboration", type = "fruchterman", size=TRUE, remove.multiple=FALSE,remove.isolates = TRUE) # 网络的可视化
```

4.9 耦合网络可视化

问题

在 R 中如何进行文献耦合网络 ❶ 分析?

方法

使用 biblioNetwork 函数对耦合网络进行分析。

标准的语言格式为:

```
biblioNetwork(M, analysis = "coupling", network = " ", sep = ";")
```

案例

safety culture 数据集作者的耦合分析过程及可视化结果 (图 4.12) 。

```
> library(bibliometrix) # 加载 bibliometrix 工具包
> setwd("D:/safety culture")   # 设置工作目录
> D <- readFiles("data1.txt","data2.txt")   # 读取数据文件 ,<- 表示赋值,
等同于 =
> safetyculture<- convert2df(D, dbsource = "isi", format =
"plaintext") # 数据的转换 , dbsource 可以是 isi 或者 scopus
## Articles extracted   100
## Articles extracted   200
## Articles extracted   300
## Articles extracted   400
## Articles extracted   500
## Articles extracted   600
## Articles extracted   700
```

❶ (1) 文献耦合是由美国麻省理工学院开斯勒 (M.M. Kessler) 于 1963 年首次提出的。若文献 A 和文献 B 引证了相同的参考文献，则它们之间构成耦合关系，它们所包含相同参考文献的个数称为耦合强度。(2) 从文献耦合的概念来看，一个文献引用的参考文献越多，那么它将有越多的机会与其他文献建立耦合关系。为了尽量消除这种影响，通常需要对原始数据使用 Jaccard 或 Salton 方法进行标准化处理，来计算相对的耦合强度。(3) 文献耦合测度的是施引文献之间的一种静态的关系，即已经发表的论文的耦合强度不会随时间的变化而变化。

```
## Articles extracted   800

## Articles extracted   900

## Articles extracted   969

> NetMatrix <- biblioNetwork(safetyculture, analysis = "coupling", network = "authors", sep = ";") # 作者耦合网络分析

> S <- normalizeSimilarity(NetMatrix, type="jaccard") # 计算 jaccard 相似性

>net=networkPlot(S, n = 50, labelsize = 0.1, Title = "Authors' Coupling",type = "mds", size=FALSE,remove.multiple=TRUE) # 网络可视化
```

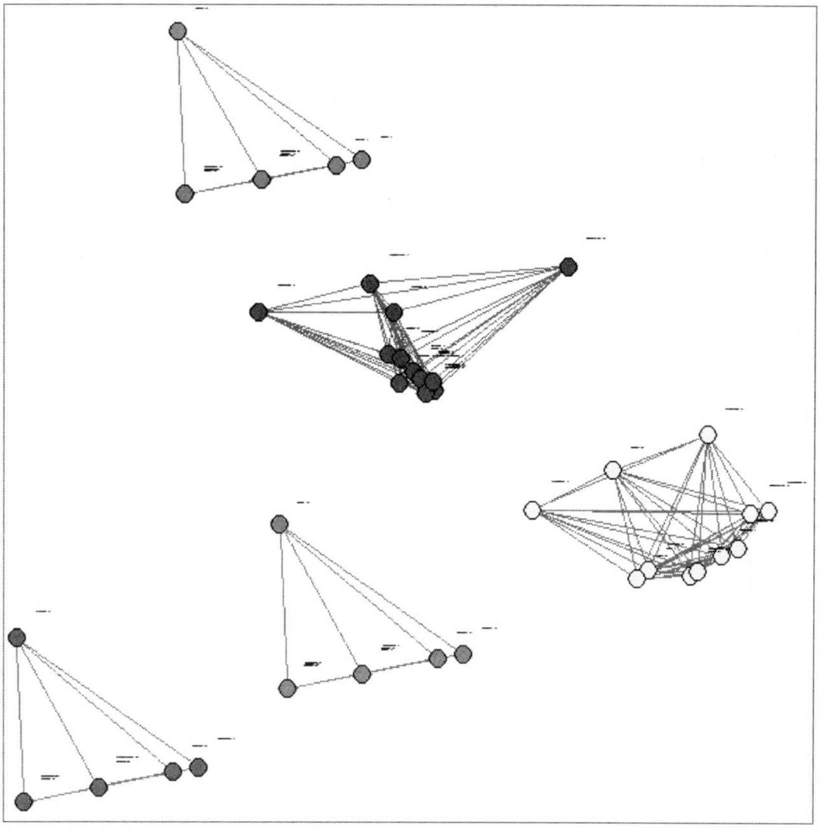

图 4.12　文献耦合分析结果

4.10 共被引网络可视化

问题

在 R 中如何进行文献共被引网络分析?

方法

使用 biblioNetwork 函数来对共被引网络❶进行分析。标准的语言格式为:

```
biblioNetwork(M, analysis = "co-citation", network = " ", sep = ";")
```

案例

Safety culture 数据集文献的共被引分析过程及可视化结果（图 4.13）。

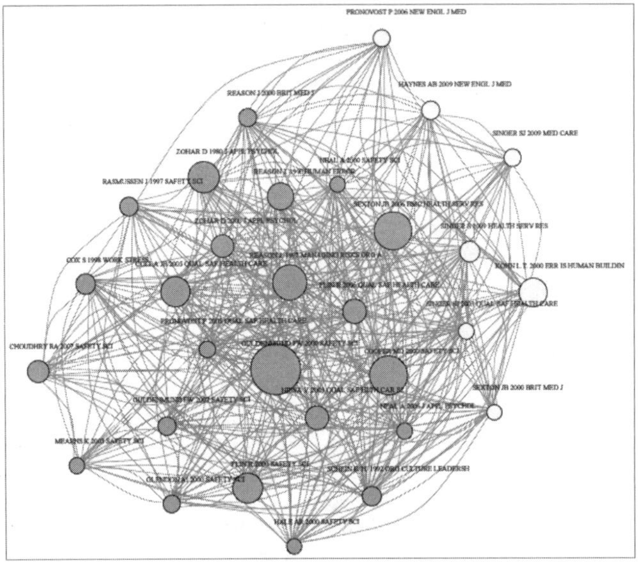

图 4.13　文献的共被引网络

---

❶　(1) 文献的共被引由美国情报学家亨利·斯莫尔（Henry Small）和苏联情报学家林娜·马沙科娃（Irina Marshakova）分别同时于 1973 年提出。其概念是：两篇（或多篇）论文同时被后来一篇或者多篇论文所引证，则称这两篇论文构成共被引关系。同时引用这两篇论文的文献篇数称为共被引强度。(2) 文献的共被引关系会随着时间的变化而变化，是被引文献的一种暂时性的关系。通过对文献共被引网络的研究可以探究科学的发展和演进动态。比如知名的科学文献可视化软件 CiteSpace 的核心功能就是通过对共被引网络的时间属性的研究，来分析科学发展的转折点和演化路径。

```
>library(bibliometrix) #加载bibliometrix工具包
>setwd("D:/safety culture")   #设置工作目录
>D <- readFiles("data1.txt","data2.txt")  #读取数据文件,<-表示赋值，等同于=
>safetyculture<- convert2df(D, dbsource = "isi", format = "plaintext") #数据的转换, dbsource可以是isi或者scopus
## Articles extracted  100
## Articles extracted  200
## Articles extracted  300
## Articles extracted  400
## Articles extracted  500
## Articles extracted  600
## Articles extracted  700
## Articles extracted  800
## Articles extracted  900
## Articles extracted  969
>NetMatrix <- biblioNetwork(safetyculture, analysis = "co-citation", network = "references", sep = ".  ") #文献共被引矩阵分析
>net=networkPlot(NetMatrix, Degree = 35,curved = TRUE,edgesize = 0.5,labelsize = 0.5,Title = "Co-Citation Network", type = "fruchterman", size=T, remove.multiple=T) #网络可视化
```

4.11 历史引证网络分析

问题

如何在R中分析历史引证网络[1]？

方法

在R中使用histNetwork和histPlot函数生成历史引证网络和对网络进行可

[1] 文献的历史引证网络的思路来源于加菲尔德和其开发的HistCite软件。通常是按照时间的顺序将文献关联，通过文献来解释某一领域的演进过程，多用于文献综述中。

视化分析。histNetwork 标准的语言格式为：

```
histNetwork(M, n = 10, sep = ";")
```

其中，M 为所分析的数据集；

n 表示所选取的被引频次排名 Topn 的文献作为分析对象，默认值为 10；

sep 表示知识单元的分割方式。

histPlot 标准的语言格式为：

```
histPlot(histResults, size = F, labelsize = 1)
```

其中，histResults 为 histNetwork 所分析的结果；

size 表示网络中节点的大小，size=F 时，节点大小一致；size=T 时，节点的大小等于节点的度数（这里特指引证次数）；

labelsize 为图形中标签的大小，默认为 1。

案例

safety culture 数据集的历史引证网络分析过程及可视化结果（图 4.14）。

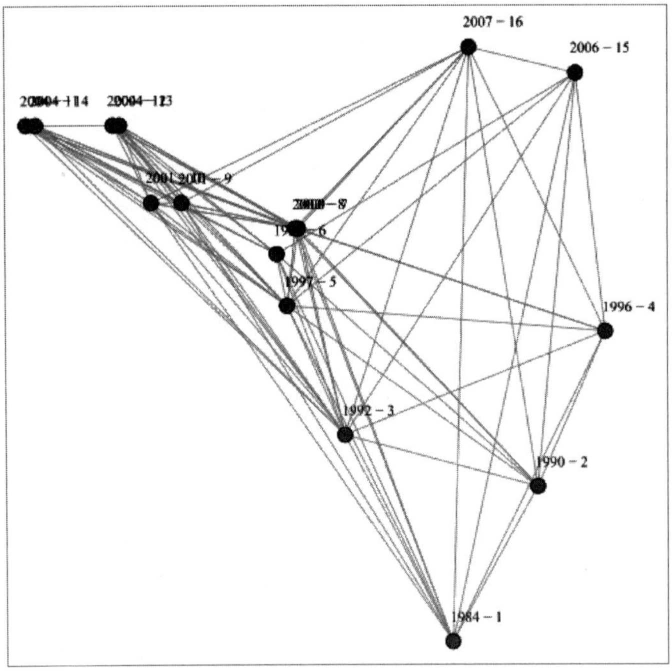

图 4.14　历史引证网络的分析

```
>library(bibliometrix) #加载 bibliometrix 工具包
>setwd("D:/safety culture")   #设置工作目录
>D <- readFiles("data1.txt","data2.txt")  #读取数据文件,<-表示赋值，等同于 =
>safetyculture<- convert2df(D, dbsource = "isi", format = "plaintext") # 数据的转换，dbsource 可以是 isi 或者 scopus
## Articles extracted   100
## Articles extracted   200
## Articles extracted   300
## Articles extracted   400
## Articles extracted   500
## Articles extracted   600
## Articles extracted   700
## Articles extracted   800
## Articles extracted   900
## Articles extracted   969
>histResults <- histNetwork(safetyculture, n = 15, sep = ".")  # 创建引文历史网络
>net <- histPlot(histResults, size = FALSE) #图形绘制

## Legend

                                                  Paper Year LCS
1984 - 1          PERROW C. 1984 NORMAL ACCIDENTS LIV 1984  15
1990 - 2                 REASON J. 1990 HUMAN ERROR 1990  45
1992 - 3       SCHEIN E. H. 1992 ORG CULTURE LEADERSH 1992  36
1996 - 4         VAUGHAN D. 1996 CHALLENGER LAUNCH DE 1996  24
1997 - 5          REASON J. 1997 MANAGING RISKS ORG A 1997  79
1999 - 6            KOHN L 1999 ERR IS HUMAN BUILDIN 1999  33
2000 - 7          KOHN L.T. 2000 ERR IS HUMAN BUILDIN 2000  75
```

```
2000 - 8  INSTITUTE OF MEDICINE 2000 ERR IS HUMAN BUILDIN 2000  75
2001 - 9  INSTITUTE OF MEDICINE 2001 CROSS QUAL CHASM NEW 2001  15
2001 - 10           SUTCLIFFE K. 2001 MANAGING UNEXPECTED 2001  15
2004 - 11                   SORRA J 2004 AHRQ PUBLICATION 2004  40
2004 - 12          SCHEIN E. H. 2004 ORG CULTURE LEADERSH 2004  40
2004 - 13                SORRA J 2004 HOSP SURVEY PATIENT 2004  40
2004 - 14          HOLLNAGEL E. 2004 BARRIERS ACCIDENT PR 2004  40
2006 - 15          HOLLNAGEL E. 2006 RESILIENCE ENG CONCE 2006  15
2007 - 16             WEICK K. E. 2007 MANAGING UNEXPECTED 2007  21
```

4.12 共词网络可视化

问题

如何在 R 中进行科技论文的主题网络分析（共词网络分析❶）？

方法

使用 biblioNetwork 函数对主题网络进行分析。

标准的语言格式为：

```
biblioNetwork(M, analysis = "co-occurrences", network = "keywords", sep = ";")
```

案例

Safety culture 数据集补充关键词的共现分析过程及可视化结果（图 4.15）。

```
>library(bibliometrix) # 加载 bibliometrix 工具包
>setwd("D:/safety culture")   # 设置工作目录
>D <- readFiles("data1.txt","data2.txt")   # 读取数据文件 ,<- 表示赋值，等同于 =
```

❶ 词的共现现象是普遍存在于自然语言中的一种现象，被广泛应用于文本信息检索与数据挖掘之中。共词分析的核心原理是词与词之间的共现频次，在一定程度上反映了词语之间的语义关联。在科技文本的共词分析中，词的来源主要有标题、摘要、关键词（包含补充关键词）或全文。除了关键词的共现分析之外，其他位置的词的共现都需要借助自然语言的处理过程来首先识别有意义的术语，并进一步对这些术语之间的共现关系进行分析。

```
>safetyculture<- convert2df(D, dbsource = "isi", format =
"plaintext") # 数据的转换，dbsource 可以是 isi 或者 scopus
## Articles extracted   100
## Articles extracted   200
## Articles extracted   300
## Articles extracted   400
## Articles extracted   500
## Articles extracted   600
## Articles extracted   700
## Articles extracted   800
## Articles extracted   900
## Articles extracted   969
>NetMatrix <- biblioNetwork(safetyculture, analysis = "co-
occurrences", network = "keywords", sep = ";")
>net=networkPlot(NetMatrix, n = 20, Title = "Keyword Co-
occurrences", type = "kamada", size=T)
```

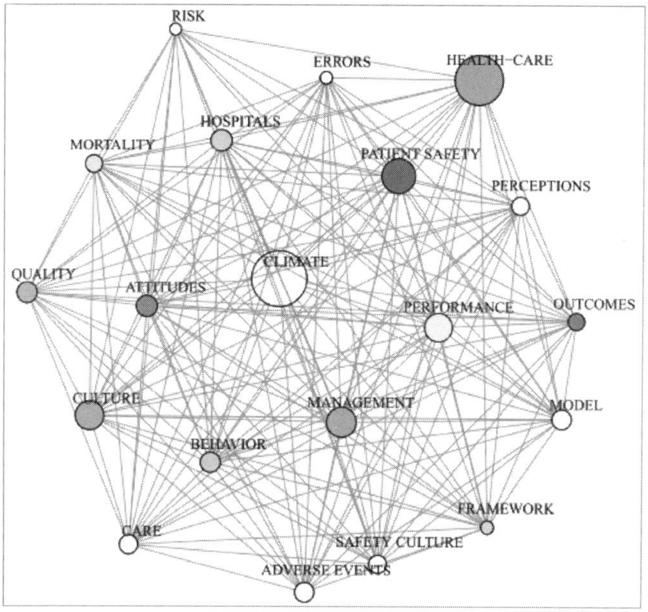

图 4.15 补充关键词的共现分析

或者也可以将上面代码改为：

```
library(bibliometrix) # 加载 bibliometrix 工具包
setwd("D:/safety culture")  # 设置工作目录
D <- readFiles("data1.txt","data2.txt")  # 读取数据文件，<- 表示赋值，等同于 =
safetyculture <- convert2df(D, dbsource = "isi", format = "plaintext") # 数据转换
NetMatrix <- biblioNetwork(safetyculture, analysis = "co-occurrences", network = "author_keywords", sep = ";")
net=networkPlot(NetMatrix, n = 20, Title = "Keyword Co-occurrences", type = "kamada", size=T)
```

最后得到的作者关键词共现网络的可视化结果如图 4.16 所示。

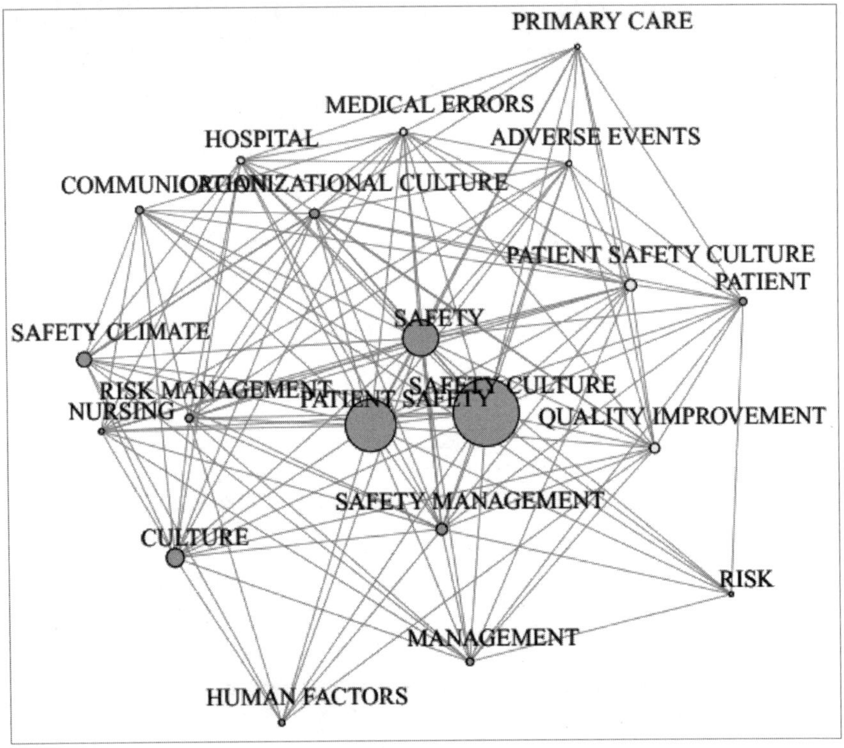

图 4.16　作者关键词的共现分析

4.13 术语概念结构图

问题

如何用 R 来绘制科技文本术语的概念地图❶？

方法

在 R 中可以使用 conceptualStructure 函数来进行分析。

标准的语言结构为：

```
conceptualStructure(M, field = "ID", minDegree = 2, k.max = 5,stemming =
FALSE, labelsize = 3)
```

其中，M 为所分析的数据集；

field 为数据提取的字段，可以是补充关键词字段 ID，作者关键词字段 DE、ID_TM 对补充关键词进行 Porter 词干化处理的字段、DE_TM 对作者关键词进行 Porter 词干化处理的字段，TI 从标题提取术语以及从摘要 AB Terms 提取术语；

minDegree 术语之间的最低出现次数，默认值为 2；

k.max 表示最大聚类数量控制，默认为 5，最大设置为 8；

stemming 为 TRUE 时，进行 Porter 词干化处理，默认值为 stemming = FALSE；

labelsize 为对标签大小的调整，默认 labelsize=2。

案例

Safety culture 数据集分析概念图谱分析过程及结果（图 4.17）。

```
>setwd("D:/safety culture")    #设置工作目录
>D <- readFiles("data1.txt","data2.txt")    #读取数据文件，<-表示赋值，等
同于 =
>safetyculture<- convert2df(D, dbsource = "isi", format =
"plaintext") #数据的转换，dbsource 可以是 isi 或者 scopus
```

❶ 该分析方法类似于多维尺度分析（MDS）或多元对应分析（MCA）技术，对主题进行了降维分析。在这里使用了 MCA 分析方法和 K-means 聚类分析方法来绘制术语在二维空间的分布。

```
## Articles extracted  100
## Articles extracted  200
## Articles extracted  300
## Articles extracted  400
## Articles extracted  500
## Articles extracted  600
## Articles extracted  700
## Articles extracted  800
## Articles extracted  900
## Articles extracted  969
>CS <- conceptualStructure(safetyculture,field="ID",minDegree=10,
k.max=5, stemming=FALSE,labelsize=7) # 使用关键词来绘制概念结构图
```

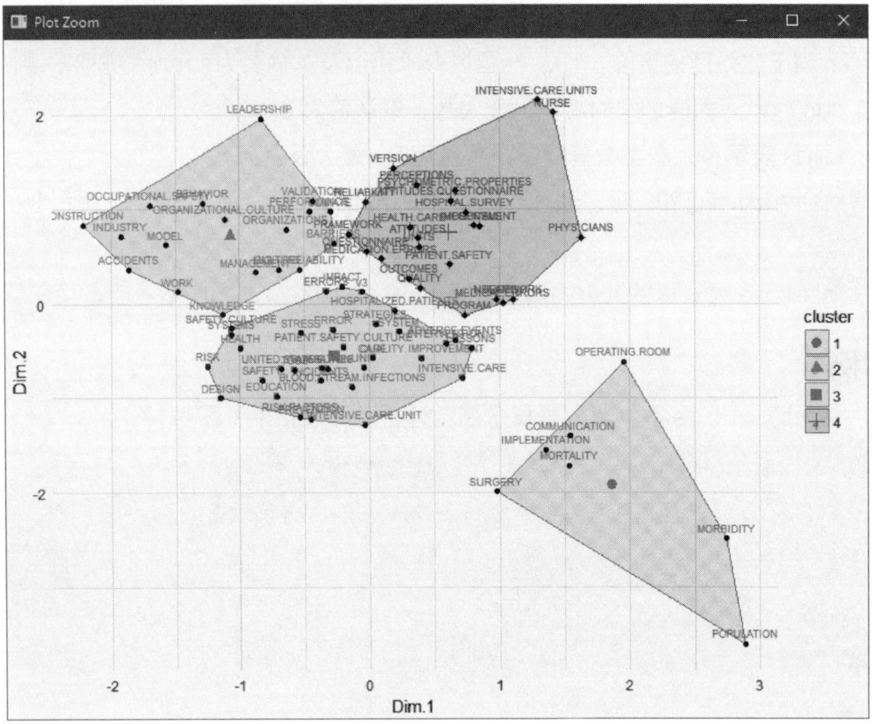

图 4.17　术语的概念结构图

4.14 语义地图分析

问题

如何用 R 分析语义图?

方法

在 R 中提供了 thematicMap 函数来进行分析 ❶。

标准的函数语句为

```
thematicMap (net, NetMatrix, S = NULL)
```

其中，net 是使用 igraph 创建的 networkPlot;

NetMatrix 是通过 biblioNetwork 或 cocMatrix 得到的矩阵文件;

S 为通过 normalizeSimilarity 函数得到的相似矩阵，若 S = NULL 则使用原始的共现矩阵。

案例

对软件包自带的 scientometrics 案例数据进行分析的结果（图 4.18，图 4.19）。

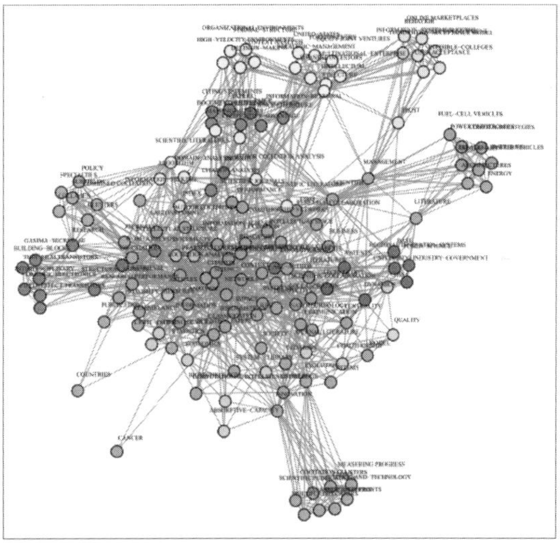

图 4.18　共词网络

❶ 该功能需要安装 bibliometrix 1.7 或更高版本。

```
> data(scientometrics)
> NetMatrix <- biblioNetwork(scientometrics, analysis = "co-occurrences", network = "keywords", sep = ";")
> S <- normalizeSimilarity(NetMatrix, type = "association")
> net <- networkPlot(S, n = 100, Title = "co-occurrence network",type="fruchterman",labelsize = 0.5, halo = FALSE, cluster = "walktrap",remove.isolates=FALSE, remove.multiple=FALSE, noloops=TRUE, weighted=TRUE)
> res <- thematicMap(net, NetMatrix, S)
> plot(res$map)
```

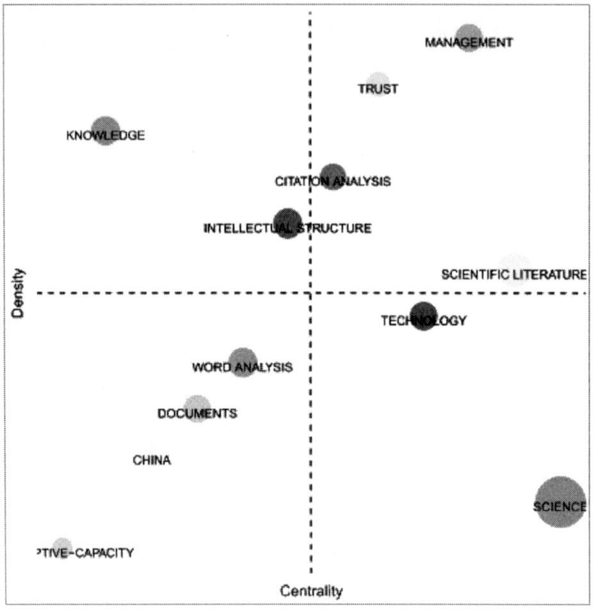

图 4.19 战略坐标分析[1]

[1] 在战略坐标图中，x 轴为向心度，y 轴为密度。这两个指标是用来衡量某一研究领域各主题类团的内部发展以及主题类团间相互影响的状况。密度是用来衡量主题类团内部关联强度的指标，它表示该主题类团维持和发展自己的能力。向心度是用来衡量一个类团与同一研究领域的其他类团联系的紧密程度。向心度越大，说明某一研究领域的主题类团与其他主题类团联系越紧密，该主题则在这一研究领域中处于核心地位。

4.15 主题演化可视化

问题

在 R 中如何进行主题演化图分析?

方法

R 中提供 thematicEvolution 函数进行主题的演化分析。

标准的语言格式为:

```
thematicEvolution(..., weighted = FALSE)
```

其中，... 为 thematicMap 函数分析得到的一系列主题图;

weighted 为逻辑值，默认为 FALSE，表示专题联系使用经典的包容指数来测度（使用关键词的数量来计算）; 若为 TRUE 则考虑关键词的出现频次来计算包容指数。

案例

案例数据 Scientometrics 的主题演化分析。

（1）数据分割及第一时间段的网络可视化，结果如图 4.20。

```
> data(scientometrics)
> years=c(2000)
> list_df=timeslice(scientometrics, breaks = years)
> M1=list_df[[1]]
> M2=list_df[[2]]
> NetMatrix1 <- biblioNetwork(M1, analysis = "co-occurrences",network
= "keywords", sep = ";")
> S1 <- normalizeSimilarity(NetMatrix1, type = "association")
> net1 <- networkPlot(S1, n = 50, Title = "co-occurrence net
work",type="fruchterman",labelsize = 0.7, halo = FALSE, cluster =
"walktrap",remove.isolates=FALSE,remove.multiple=FALSE, noloops=TRUE,
weighted=TRUE)
> res1 <- thematicMap(net1, NetMatrix1, S1)
```

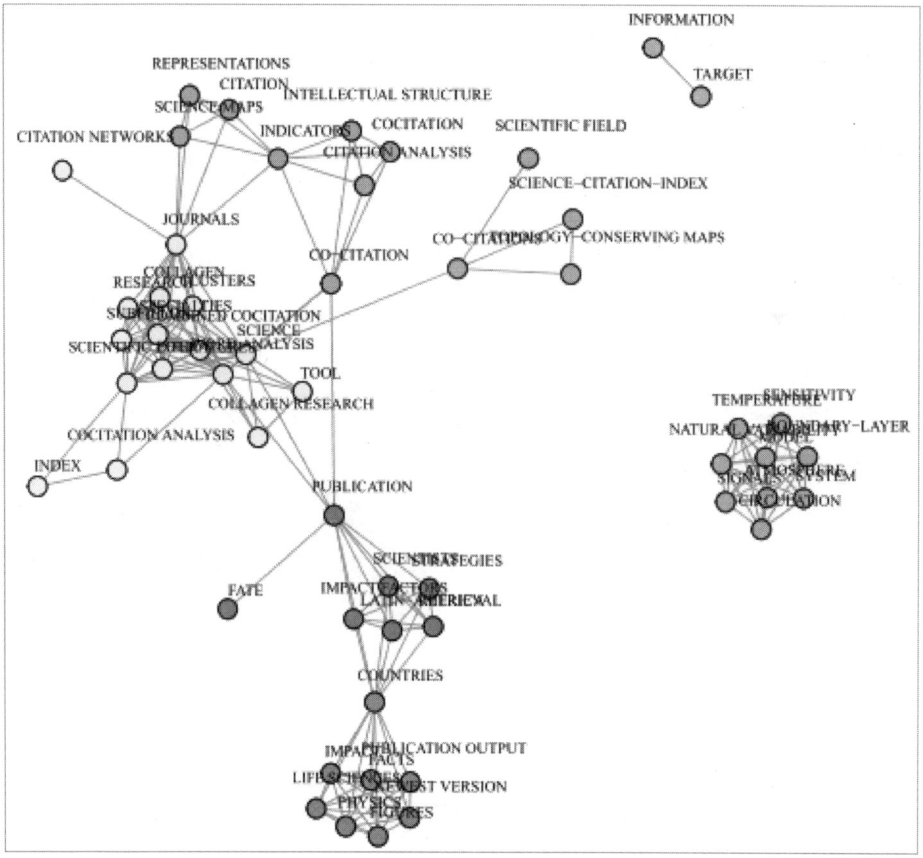

图 4.20 主题共现网络

（2）第二时间段的网络可视化，结果如图 4.21。

```
> NetMatrix2 <- biblioNetwork(M2, analysis = "co-occurrences",network = "keywords", sep = ";")
> S2 <- normalizeSimilarity(NetMatrix2, type = "association")
> net2 <- networkPlot(S2, n = 50, Title = "co-occurrence network",type="fruchterman",labelsize = 0.7, halo = FALSE, cluster = "walktrap",remove.isolates=FALSE,remove.multiple=FALSE, noloops=TRUE, weighted=TRUE)
> res2 <- thematicMap(net2, NetMatrix2, S2)
```

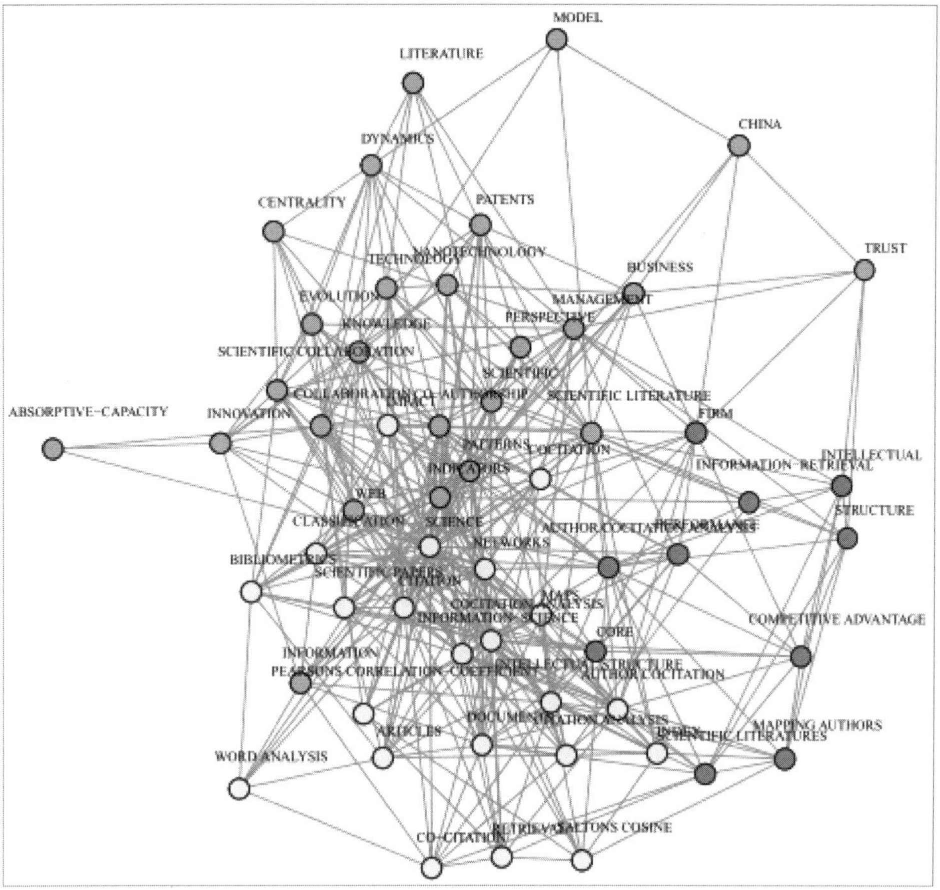

图 4.21　主题共现网络

（3）演化分析，结果如图 4.22。

```
> nexus <- thematicEvolution(res1,res2,weighted=FALSE)
```

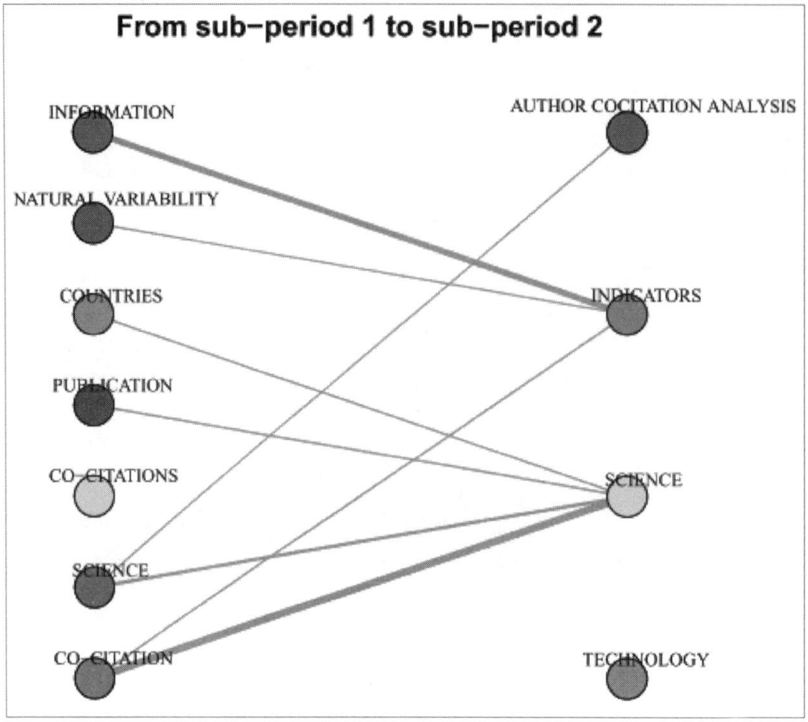

图 4.22　主题演化[1]

4.16　词云可视化

问题

如何利用 R 中产生的描述性统计结果来绘制词云图?

方法

在 R 中可以使用 wordcloud2 来绘制词云图，只需要准备一个 csv 文件，包含频次和词语即可。wordcloud2 的标准格式为：

---

❶ 关于主题演化详细的原理及其解读方法参见：Cobo M J, López-Herrera A G, Herrera-Viedma E, et al. An approach for detecting, quantifying, and visualizing the evolution of a research field: A practical application to the Fuzzy Sets Theory field[J]. Journal of Informetrics, 2011, 5(1):146-166.

```
wordcloud2 (data, size = 1, minSize = 0, gridSize = 0, fontFamily =
NULL, fontWeight = 'normal', color = 'random-dark', backgroundColor =
"white", minRotation = -pi/4, maxRotation = pi/4, rotateRatio = 0.4,
shape = 'circle', ellipticity = 0.65, widgetsize = NULL)
```

其中，data 为词云生成数据，包含具体词语以及频率；

size 为字体大小，默认为 1，一般来说该值越小，生成的形状轮廓越明显；

fontFamily 为字体，如 " 微软雅黑 "；

fontWeight 为字体粗细，包含 "normal"，"bold" 以及 "600"；

color 为字体颜色，可以选择 "random-dark" 以及 "random-light"，其实就是颜色色系；

backgroundColor 为背景颜色，支持 R 语言中的常用颜色，如 "gray"t 和 "blcak"，但是还支持不了更加具体的颜色选择，如 "gray20"；

minRontatin 与 maxRontatin 为字体旋转角度范围的最小值以及最大值，选定后，字体会在该范围内随机旋转；

rotationRation 为字体旋转比例，如设定为 1，则全部词语都会发生旋转；

shape 为词云形状选择，默认是 "circle"，即圆形。还可以选择 "cardioid"（苹果形或心形），"star"（星形），"diamond"（钻石），"triangle-forward"（三角形），"triangle"（三角形），"pentagon"（五边形）。

案例

当对 safety culture 的文献数据进行了描述性统计分析后，将要分析的项目按照下面的格式保存在 csv 中（图 4.23）。

```
> install.packages("wordcloud2")
> library(wordcloud2)
> library(tm)
> library(RColorBrewer)
> library(readr)
> SC <- read_csv("D:/safety culture/SC.csv") # 读取词频数据
> wordcloud2(SC, size = 0.5, minRotation = -pi/2, maxRotation = -pi/2)
```

绘制词云图，结果如图 4.24。

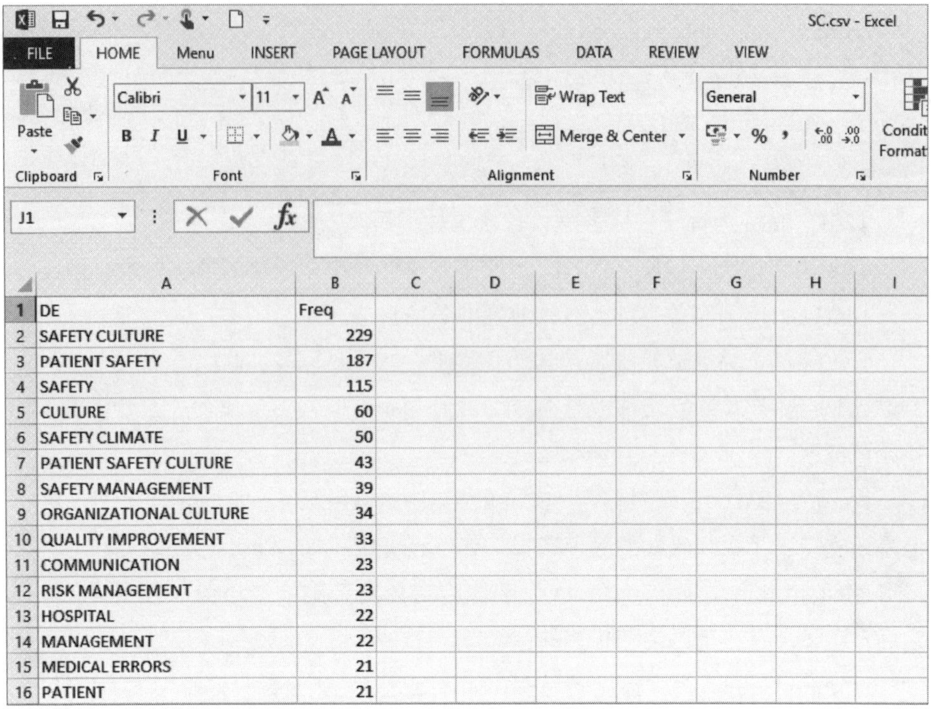

	A	B
1	DE	Freq
2	SAFETY CULTURE	229
3	PATIENT SAFETY	187
4	SAFETY	115
5	CULTURE	60
6	SAFETY CLIMATE	50
7	PATIENT SAFETY CULTURE	43
8	SAFETY MANAGEMENT	39
9	ORGANIZATIONAL CULTURE	34
10	QUALITY IMPROVEMENT	33
11	COMMUNICATION	23
12	RISK MANAGEMENT	23
13	HOSPITAL	22
14	MANAGEMENT	22
15	MEDICAL ERRORS	21
16	PATIENT	21

图 4.23　待分析数据

图 4.24　对词频列表分析的词云可视化

4.17 PubMed 数据可视化

问题

如何在 R 中进行 PubMed 数据关键词词云的分析?

方法

R 中提供了 PubMedWordcloud 工具包来对 PubMed 数据进行词云分析。该工具包也包含了 cleanAbstracts（数据的清理）、colSets（颜色的设置）、editPMIDs（数据的编辑）、getAbstracts（摘要信息的获取）、getPMIDs（通过作者获取 PMID）、getPMIDsByKeyWords（通过关键词、期刊等获取 PMID）以及 plotWordCloud（词云的绘制）等函数，可对 PubMed 进行处理。

案例

获取 2016 年关键词包含 bibliometric 的数据，并绘制该数据摘要的词云（图 4.25）。

图 4.25 词云绘制结果

```
> install.packages("PubMedWordcloud",dependencies=TRUE) # 安装工具包
> library(PubMedWordcloud) #加载工具包
> pmid=getPMIDsByKeyWords(keys="bibliometric*",n=10000,dTo=2016)
#使用关键词等条件检索文献
> abstracts=getAbstracts(pmid)
> cleanAbs=cleanAbstracts(abstracts)
> plotWordCloud(cleanAbs,min.freq = 2, scale = c(3, 0.5))
```

4.18 全文本挖掘及可视化

问题

如何利用 R 对全文本进行挖掘和可视化?

方法

在 R 中专门开发了 tidytext 工具包来对全文本进行挖掘和可视化，该工具包包含了大量的函数用于支持相关任务的完成。

案例

下面针对 tidytext 作者 Julia Silge 在网上分享的案例进行说明。

数据集是 Jane Austen（简・奥斯丁）的 6 本小说的全文[1]，这 6 本小说分别为 Sense and Sensibility《理智与情感》", "Pride and Prejudice《傲慢与偏见》", "Mansfield Park《曼斯菲尔德庄园》", "Emma《爱玛》", "Northanger Abbey《诺桑德修道院》" 和 "Persuasion《劝导》"。

工具包加载和数据分析，原始数据为 one-row-per-line 的格式。

```
>library(janeaustenr)
>library(dplyr)
>library(stringr)
```

[1] janeaustenr: Jane Austen's Complete Novels, Full texts for Jane Austen's 6 completed novels, ready for text analysis. These novels are "Sense and Sensibility", "Pride and Prejudice", "Mansfield Park", "Emma", "Northanger Abbey", and "Persuasion".https://cran.r-project.org/web/packages/janeaustenr/index.html.

```
>original_books <- austen_books() %>%
group_by(book) %>%
mutate(linenumber = row_number(),
chapter = cumsum(str_detect(text, regex("^chapter [\\divxlc]",
ignore_case = TRUE)))) %>%
ungroup()
>original_books
# A tibble: 73,422 x 4
##                    text                   book linenumber chapter
## <chr><fctr><int><int>
## 1 SENSE AND SENSIBILITY Sense & Sensibility          1        0
## 2                       Sense & Sensibility          2        0
## 3        by Jane Austen Sense & Sensibility          3        0
## 4                       Sense & Sensibility          4        0
## 5                (1811) Sense & Sensibility          5        0
## 6                       Sense & Sensibility          6        0
## 7                       Sense & Sensibility          7        0
## 8                       Sense & Sensibility          8        0
## 9                       Sense & Sensibility          9        0
## 10            CHAPTER 1 Sense & Sensibility         10        1
# ... with 73,412 more rows
```

为了对原始数据进行分析，还需要对该数据集进行 tidy 处理。将其转化为 one-token-per-row 的格式。这里使用 unnest_tokens 函数进行处理。

```
>library(tidytext)
>tidy_books <- original_books %>%
unnest_tokens(word, text)
>tidy_books
# A tibble: 725,055 x 4
##                  book linenumber chapter        word
## <fctr><int><int><chr>
```

```
## 1 Sense & Sensibility          1        0       sense
## 2 Sense & Sensibility          1        0         and
## 3 Sense & Sensibility          1        0 sensibility
## 4 Sense & Sensibility          3        0          by
## 5 Sense & Sensibility          3        0        jane
## 6 Sense & Sensibility          3        0      austen
## 7 Sense & Sensibility          5        0        1811
## 8 Sense & Sensibility         10        1     chapter
## 9 Sense & Sensibility         10        1           1
## 10 Sense & Sensibility         13        1         the
# ... with 725,045 more rows
```

使用 anti_join 对停用词进行处理：

```
>data("stop_words")
>cleaned_books <- tidy_books %>% anti_join(stop_words)
Joining, by = "word"
```

也可以使用 count 来分析包含在 6 本书中最常见的词汇：

```
>cleaned_books %>% count(word, sort = TRUE)
# A tibble: 13,914 x 2
     word     n
<chr><int>
## 1  miss  1855
## 2  time  1337
## 3 fanny   862
## 4  dear   822
## 5  lady   817
## 6   sir   806
## 7   day   797
## 8  emma   787
## 9 sister  727
## 10 house  699
```

```
# ... with 13,904 more rows
```

对文本的主题可以进行情感分析，tidytext 中包含了三种情绪词集。下面我们来考察通过 NRC 词集分析得到《爱玛》中反映文本积极情感的词集。

```
>nrcjoy <- get_sentiments("nrc") %>% filter(sentiment == "joy")
>tidy_books %>% filter(book == "Emma") %>% semi_join(nrcjoy) %>%
count(word, sort = TRUE)
Joining, by = "word"
# A tibble: 303 x 2
##       word     n
##<chr><int>
## 1     good   359
## 2    young   192
## 3   friend   166
## 4     hope   143
## 5    happy   125
## 6     love   117
## 7     deal    92
## 8    found    92
## 9 present    89
## 10    kind    82
# ... with 293 more rows
```

或者也可以来考察每本小说的情感是怎么变化的，这里我们用 Bing 词集对文本中积极和消极的主题进行统计。

```
>library(tidyr)
>bing <- get_sentiments("bing")
>janeaustensentiment <- tidy_books %>% inner_join(bing)
%>% count(book, index = linenumber %/% 80, sentiment) %>%
spread(sentiment, n, fill = 0) %>% mutate(sentiment = positive -
negative)
Joining, by = "word"
```

通过以上结果，下面可以使用 ggplot 来绘制每本小说的情感轨迹（图 4.26）。

```
>library(ggplot2)
>ggplot(janeaustensentiment, aes(index, sentiment, fill = book)) +
geom_bar(stat = "identity", show.legend = FALSE) +facet_wrap(~book,
ncol = 2, scales = "free_x")
```

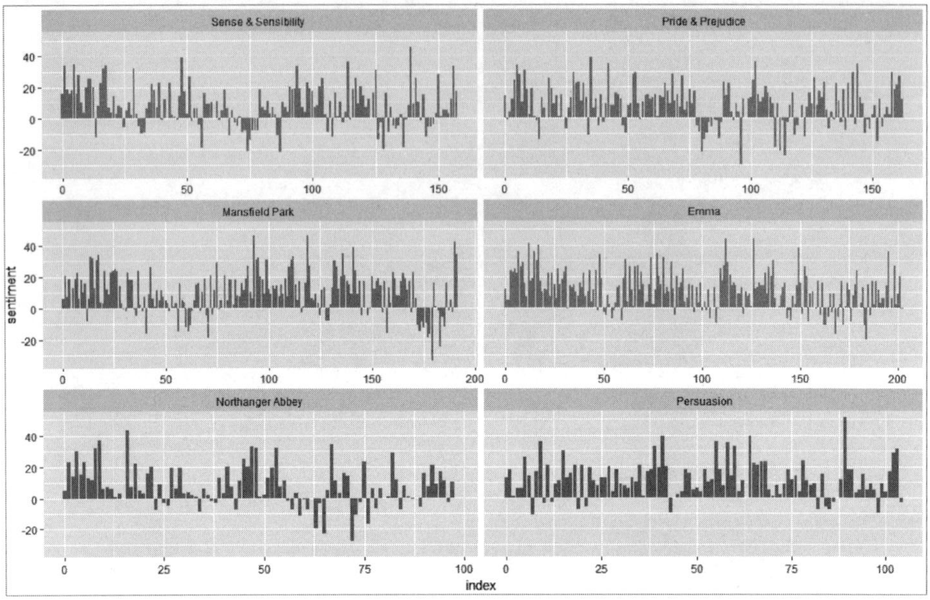

图 4.26 六本小说用词的情感分析

最常见的正面和负面的单词分析：

```
>bing_word_counts <- tidy_books %>% inner_join(bing) %>%
count(word, sentiment, sort = TRUE) %>% ungroup()
Joining, by = "word"
>bing_word_counts
# A tibble: 2,585 x 3
##        word sentiment     n
##<chr><chr><int>
## 1      miss  negative  1855
```

```
## 2      well  positive  1523
## 3      good  positive  1380
## 4     great  positive   981
## 5      like  positive   725
## 6    better  positive   639
## 7    enough  positive   613
## 8     happy  positive   534
## 9      love  positive   495
##10 pleasure  positive   462
# ... with 2,575 more rows
```

可视化，结果如图 4.27。

```
>bing_word_counts %>%  filter(n > 150) %>%  mutate(n =
ifelse(sentiment == "negative", -n, n)) %>%  mutate(word =
reorder(word, n)) %>%  ggplot(aes(word, n, fill = sentiment)) +  geom_
bar(stat = "identity") +theme(axis.text.x = element_text(angle = 90,
hjust = 1)) +  ylab("Contribution to sentiment")
```

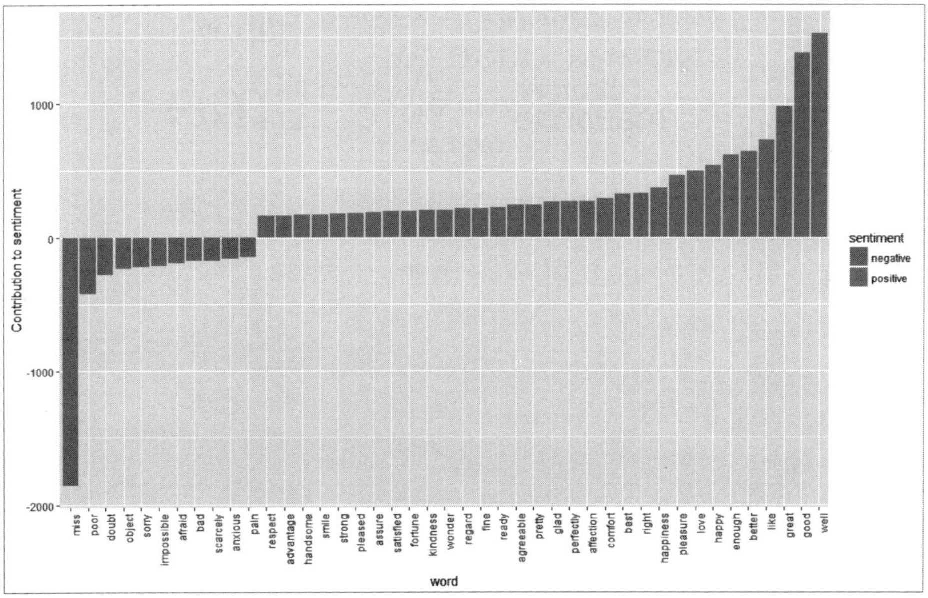

图 4.27　情感分析的比较分析

词云可视化，结果如图 4.28。

```
> library(wordcloud)
> cleaned_books %>%  count(word) %>%  with(wordcloud(word, n, max.
words = 100))
```

图 4.28 情感分析的词云

或者还可以将正负两个方面分开进行比较，结果如图 4.29。

```
> library(reshape2)
> tidy_books %>% inner_join(bing) %>% count(word, sentiment, sort =
TRUE) %>% acast(word ~ sentiment, value.var = "n", fill = 0) %>%
comparison.cloud(colors = c("#F8766D", "#00BFC4"),max.words = 100)
Joining, by = "word"
```

关于 tidytext 更多的资料和案例，参见 http://tidytextmining.com/。

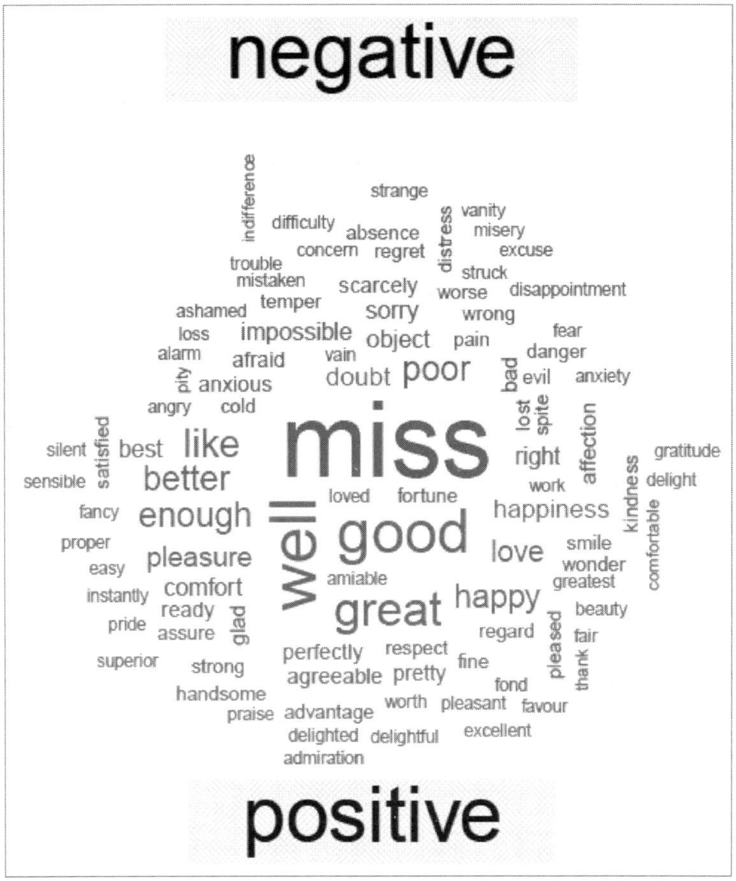

图 4.29　情感分析的词云比较

第 5 讲

案例演示

下面的案例更多的是要告诉读者，通过 R-bibliometrix 从分析的实际数据中能得到些什么结果。关于如何对这些基本的分析结果进行分析，笔者推荐读者检索相关的文献计量学论文进行学习。这里的结果已经包含了常见论文中的结果，读者可以根据自己的研究目的来确定要进行的分析，并从这些结果中得到一些支持。

5.1 特定作者的论文研究

问题

如何来分析某一个科学家的论文产出? 以 SCI 发明人加菲尔德博士（图 5.1）为例[1]。

[1] 关于加菲尔德博士的论文分析参见：

加菲尔德教授论文的知识图谱 . http://blog.sciencenet.cn/blog-554179-1036931.html

1. Wouters P. Eugene Garfield (1925-2017)[J]. Nature, 2017, 543(7646):492.

2. Kretschmer H, Kretschmer T. Memory of Eugene Garfield. Journal of Scientometic Research. 2017;6(1):1-5.doi:10.5530/jscires.6.1.1.http://www.jscires.org/article/185.

3. Small H. A tribute to Eugene Garfield: Information innovator and idealist [J]. Journal of Informetrics, 2017, 11(3):599-612.

4. List J, Bates S. A tribute to Eugene Garfield: A bibliography of publications relating to patents [J]. World Patent Information, 2017, 49:69-70.

5. Leydesdorff L, Wagner C S, Bornmann L. Betweenness and Diversity in Journal Citation Networks as Measures of Interdisciplinarity -- A Tribute to Eugene Garfield [J]. 2017.https://arxiv.org/abs/1705.03272

6. 王金鹏，王慧杰 . 从科学知识图谱角度看加菲尔德的学术地位和影响——基于 SCI 近 20 年的数据 [J]. 国家图书馆学刊 ,2010(04):41-46.

7. 王金鹏，王慧杰 . 基于科学知识图谱的加菲尔德学术影响分析 [J]. 中国科技资源导刊，2010(05):43-48.

图 5.1　SCI 发明者加菲尔德博士

方法

在 Web of Science 中以加菲尔德博士的作者识别号（A-1009-2008）和文献类型为 Article 进行字段检索（图 5.2）。

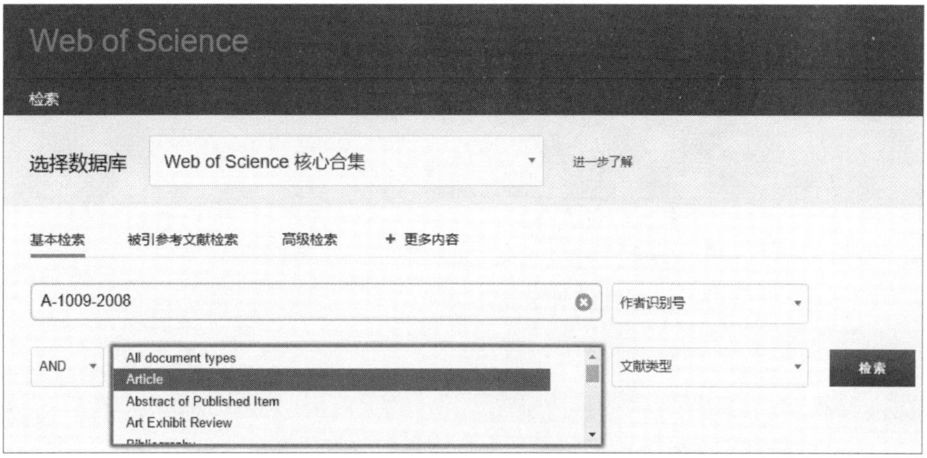

图 5.2　加菲尔德博士论文检索策略

结果

检索共得到加菲尔德博士的 816 篇论文，论文的 h 指数达到了 135，论文平均被引达到了 9.23 次（图 5.3）。

图 5.3 加菲尔德博士论文概况

（1）加载加菲尔德博士论文数据，并进行转换

```
>library(bibliometrix)
>setwd("D:/Eugene")
>D <- readFiles("data1.txt","data2.txt")
>M <- convert2df(D,dbsource = "isi", format = "plaintext")
##Articles extracted   100
##Articles extracted   200
##Articles extracted   300
##Articles extracted   400
##Articles extracted   500
##Articles extracted   600
##Articles extracted   700
##Articles extracted   800
##Articles extracted   816
```

（2）对数据进行描述性统计分析

```
> results <- biblioAnalysis(M,sep = ";")
> summary(results, k = 10, pause = FALSE)
```

描述性统计结果分析如下，得到本数据集所分析的文献为 816 条，期刊来源共有 60 个，补充关键词共有 57 个，作者关键词共有 39 个，时间跨度为 1954-2009 年，唯一作者共有 36 个。

```
##Main Information about data

 Articles                              816
 Sources (Journals, Books, etc.)       60
 Keywords Plus (ID)                    57
 Author's Keywords (DE)                39
 Period                                1954-2009
 Average citations per article         70.02

 Authors                               36
 Author Appearances                    868
 Authors of single authored articles   0
 Authors of multi authored articles    36

 Articles per Author                   22.7
 Authors per Article                   0.0441
 Co-Authors per Articles               1.06
 Collaboration Index                   1.12
```

1954—2009 年加菲尔德博士发表论文的年度分布如何？

```
##Annual Scientific Production

 Year    Articles
    1954        2
    1955        1
    1957        3
    1961        1
    1962        1
    1963        3
    1964        1
    1965        2
```

```
    1966         1
    1967         2
    1968         1
    1969         2
    1970         4
    1971         2
    1972         4
    1973         3
    1974         4
    1975         7
    1976         5
    1977         6
    1978         5
    1979        59
    1980        55
    1981        52
    1982        51
    1983        53
    1984        53
    1985        54
    1986        54
    1987        53
    1988        52
    1989        50
    1990        65
    1991        28
    1992        29
    1993        25
    1996         2
    1998         4
    2000         1
```

```
    2001        3
    2002        4
    2003        4
    2004        2
    2007        1
    2008        1
    2009        1
Annual Percentage Growth Rate -1.528525
```

绘制加菲尔德博士论文的年度分布，如图 5.4。

```
plot(results, k = 10, pause = TRUE)
```

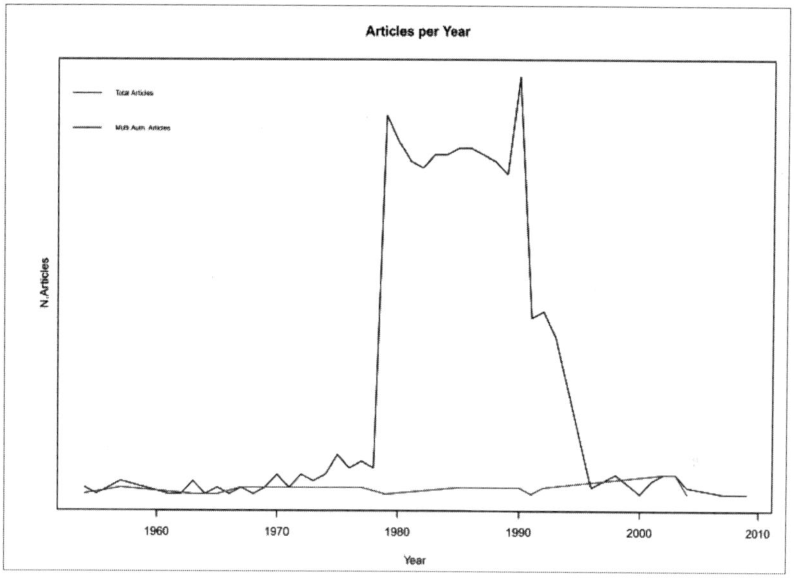

图 5.4　加菲尔德论文的时序分布

在加菲尔德博士的论文数据集中，作者的产出及合作如何？

```
##Most Productive Authors
    Authors        Articles  Authors          Articles Fractionalized
1  GARFIELD,E           816 GARFIELD,E                      797.533
2  PUDOVKIN,A             5 PUDOVKIN,A                        2.000
```

```
3  WELLJAMSDOROF,A          4 WELLJAMSDOROF,A                 2.000
4  GRANITO,C                3 SHER,I                          1.500
5  ISTOMIN,V                3 SMALL,H                         1.333
6  REVESZ,G                 3 GRANITO,C                       1.000
7  SHER,I                   3 ISTOMIN,V                       1.000
8  SMALL,H                  3 REVESZ,G                        0.833
9  ABT,H                    1 ABT,H                           0.500
10 AVAKIAN,E                1 AVAKIAN,E                       0.500
```

作者的 h 指数的计算。

```
> results <- biblioAnalysis(M)
> authors=gsub(","," ",names(results$Authors)[1:10])
> indices <- Hindex(M, authors, sep = ";",years=46)
> indices$H
##          Author h_index g_index    m_index    TC  NP
1        GARFIELD E     135     172 2.87234043 55278 792
2        PUDOVKIN A       5       5 0.31250000   226   5
3   WELLJAMSDOROF A       4       4 0.14285714   165   4
4         GRANITO C       1       1 0.02222222     7   1
5         ISTOMIN V       3       3 0.18750000   100   3
6          REVESZ G       1       1 0.02222222    14   1
7            SHER I       0       0 0.00000000     0   0
8           SMALL H       2       3 0.04651163   152   3
9             ABT H       1       1 0.06250000     8   1
10        AVAKIAN E       0       0 0.00000000     0   0
```

作者合作网络的绘制，结果如图 5.5。

```
> NetMatrix <- biblioNetwork(M, analysis = "collaboration",network =
"authors", sep = ";")
> net <- networkPlot(NetMatrix, n = 20, type = "kamada",Title =
"authors' Collaboration",labelsize=0.3, remove.isolates = TRUE,size =
FALSE)
```

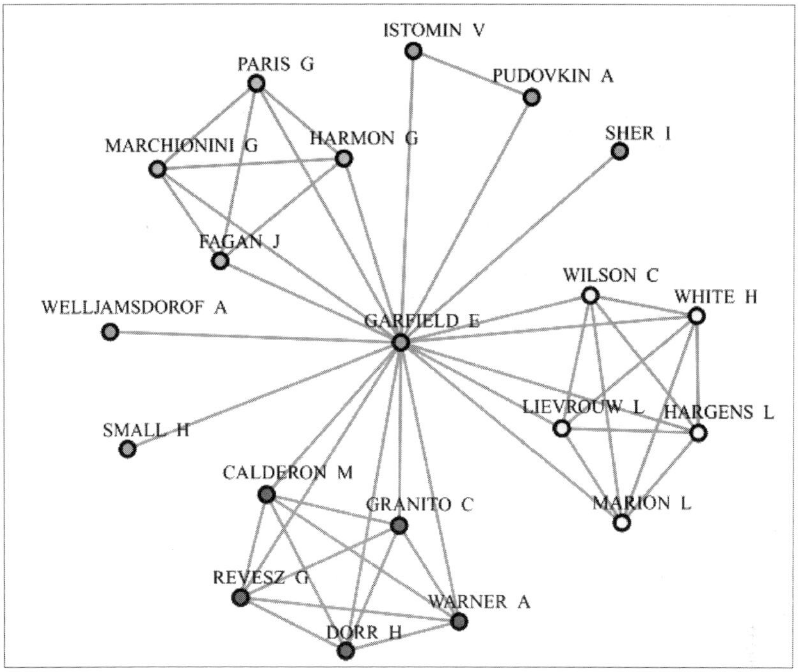

图 5.5 加菲尔德博士的主要合作者

加菲尔德博士的高被引论文（GCS）有哪些？

```
##Top manuscripts per citations
                        Paper                TC TCperYear
1  GARFIELD  E,(1972),SCIENCE              1307     29.04
2  GARFIELD  E,(1955),SCIENCE               900     14.52
3  GARFIELD  E,(1996),BR. MED. J.           286     13.62
4  GARFIELD  E,(1979),SCIENTOMETRICS        282      7.42
5  GARFIELD  E,(1970),NATURE                221      4.70
6  GARFIELD  E,(1980),NA                    211      5.70
7  GARFIELD  E,(1980),NA                    211      5.70
8  GARFIELD  E,(1980),NA                    211      5.70
9  GARFIELD  E,(1980),NA                    211      5.70
10 GARFIELD  E,(1980),NA                    211      5.70
```

加菲尔德博士的论文与哪些国家有合作?

```
##Most Productive Countries
    Country   Articles    Freq
1 USA              461 0.99568
2 NETHERLANDS        1 0.00216
3 RUSSIA             1 0.00216
Total Citations per Country
  Country       Total Citations   Average Article Citations
1  USA                    11846                        25.7
2  RUSSIA                   118                       118.0
3  NETHERLANDS               14                        14.0
```

加菲尔德博士的论文发表在哪里?

```
##Most Relevant Sources
                                            Sources                Articles
1  CURRENT CONTENTS                                                     714
2  JOURNAL OF CHEMICAL DOCUMENTATION                                      8
3  CURRENT COMMENTS                                                       7
4  IEEE TRANSACTIONS ON PROFESSIONAL COMMUNICATION                        5
5  JOURNAL OF INFORMATION SCIENCE                                         5
6  JOURNAL OF THE AMERICAN SOCIETY FOR INFORMATION SCIENCE AND TECHNOLOGY 5
7  SCIENTOMETRICS                                                         5
8  CHEMTECH                                                               3
9  CURRENT CONTENTS/LIFE SCIENCES                                         3
10 JOURNAL OF THE AMERICAN SOCIETY FOR INFORMATION SCIENCE                3
```

加菲尔德博士所撰写论文的主要关键词有哪些?

```
##Most Relevant Keywords
   Author Keywords (DE)     Articles Keywords-Plus (ID)      Articles
1  CITATION ANALYSIS               4 JOURNALS                       3
2  SCIENCE CITATION INDEX          3 SCIENCE                        3
```

```
3  BIBLIOMETRICS                 2 BIOLOGY JOURNALS          2
4  HISTCITE                      2 CITATION                  2
5  HISTORIOGRAPHY                2 CITATIONS                 2
6  SCIENTOMETRICS                2 DOCUMENTS                 2
7  ALGORITHMIC                   1 IMPACT                    2
8  ANALYSIS                      1 SCIENTIFIC DISCOVERY      2
9  AUSTRIAN MEDICAL RESEARCH     1 ACID                      1
10 CITATION                      1 ACTIVATED KILLER CELLS    1
```

作者关键词的共现网络，结果如图 5.6。

```
> NetMatrix <- biblioNetwork(M, analysis = "co-occurrences", network = "author_keywords", sep = ";")
> net=networkPlot(NetMatrix, n = 50,noloops=TRUE,remove.isolates = TRUE,Title = "Keyword Co-occurrences", labelsize=0.5,type = "kamada", size=T)
```

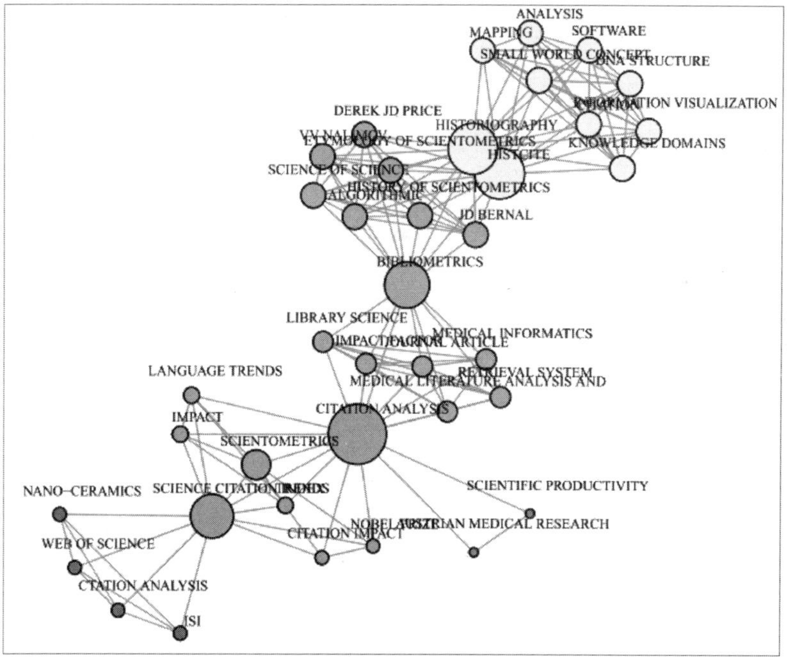

图 5.6　加菲尔德博士作者关键词的共现网络

（3）加菲尔德博士论文的研究主题

前面已经提取了加菲尔德博士的论文关键词，下面再介绍一种从这些论文标题中提取加菲尔德论文术语的方法。

```
> Eugene <- termExtraction(M, Field = "TI", remove.numbers=TRUE,remove.terms=NULL,verbose=TRUE,stemming=T)
```

得到的结果为：

```
      SCIENC      CITAT    JOURNAL  INTRODUCT       CITE   MOST-CIT
         206        138        102         94         71         65
    SCIENTIF    REPRINT     ARTICL        ISI         PG      AWARD
          65         62         61         52         46         45
   LITERATUR     REVIEW      PAPER      STUDI     IMPACT  SCIENTIST
          45         44         43         43         41         36
    NOBEL-PR     PHYSIC    ANALYSI    MEDICIN     PUBLIC CHEMISTRI
          35         34         31         29         27         25
CITATION-CLASS
          25
```

进一步绘制标题术语的热力图，结果如图 5.7。

```
> topKW=KeywordGrowth(Eugene, Tag = "TI_TM", sep = ";",top=30, cdf=F)
> library(reshape2)
> library(ggplot2)
> library(scales)
> DF=melt(topKW, id='Year')
> p <- ggplot(DF,aes(x=Year,y=variable,fill=value))
> p + geom_tile() + scale_x_continuous(breaks = seq(1954,2009, by = 5))+ scale_fill_gradient2(low = muted("red"),mid="orange",high=muted("yellow"),midpoint = 13, limits=c(0,26))
```

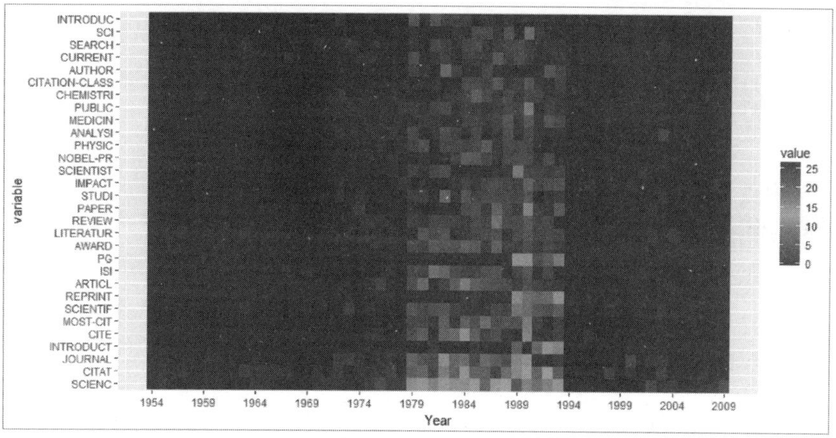

图 5.7 标题术语年度分布的热力图

5.2 特定论文的科学计量

问题

如何对单篇论文的学术影响进行计量分析？CiteSpace 的经典论文在 2017 年 6 月谷歌公开的经典论文的图书馆与信息科学下排名第二（图 5.8），这里以此论文为例进行分析。

Categories > Engineering & Computer Science > **Library & Information Science** ▾ 2006

Title	Author	Cited by
Usage patterns of collaborative tagging systems SA Golder, BA Huberman - Journal of information science, 2006	Bernardo Huberman	3051
CiteSpace II: Detecting and visualizing emerging trends and transient patterns in scientific literature C Chen - Journal of the American Society for information Science ..., 2006	Chaomei Chen	1660
Theory and practise of the g-index L Egghe - Scientometrics, 2006	No profile	1473
Citation advantage of open access articles G Eysenbach - PLoS biology, 2006	Gunther Eysenbach	659
Comparison of the Hirsch-index with standard bibliometric indicators and with peer judgment for 147 chemistry research groups AFJ Van Raan - scientometrics, 2006	Anthony (Ton) F.J. van Raan	608
A Hirsch-type index for journals T Braun, W Glänzel, A Schubert - Scientometrics, 2006	András Schubert	564
A framework for authorship identification of online messages: Writing-style features and classification techniques R Zheng, J Li, H Chen, Z Huang - Journal of the American society ..., 2006	Rong Zheng	502
Is it possible to compare researchers with different scientific interests? PD Batista, MG Campiteli, O Kinouchi - Scientometrics, 2006	osame kinouchi	500

图 5.8　CiteSpace 经典论文在图书馆和信息科学论文中排名第二

方法

这里我们使用 Scopus 数据，以论文标题为 CiteSpace II: Detecting and visualizing emerging trends and transient patterns in scientific literature 来检索陈超美教授的这篇论文的基本引证信息，以及分析这篇论文施引文献集合的特征。结果显示，该论文在 Scopus 中被引用了 505 次（图 5.9）。点击论文后的数字 505，可以链接到这 505 篇施引文献的列表（图 5.10）。然后按照 Scopus 数据的下载步骤，将这些施引文献下载为 BibTex 格式。

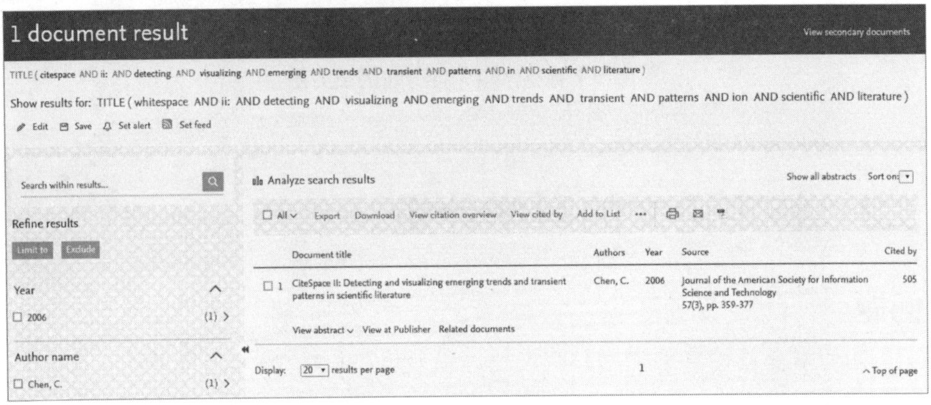

图 5.9　CiteSpace 经典论文的检索结果

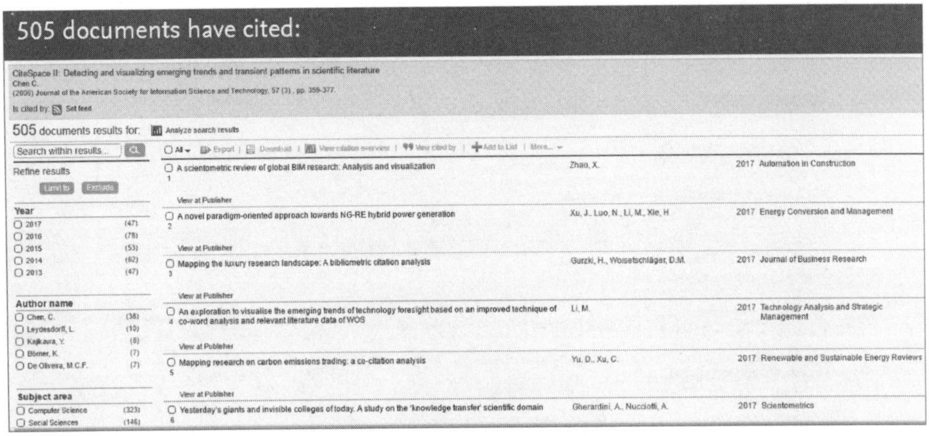

图 5.10　施引文献的列表信息

借助 Scopus 界面提供的分析功能，可以得到这些文献的基本分布。例如，图 5.11 是通过 Scopus 平台得到的文献集合 h 指数图。

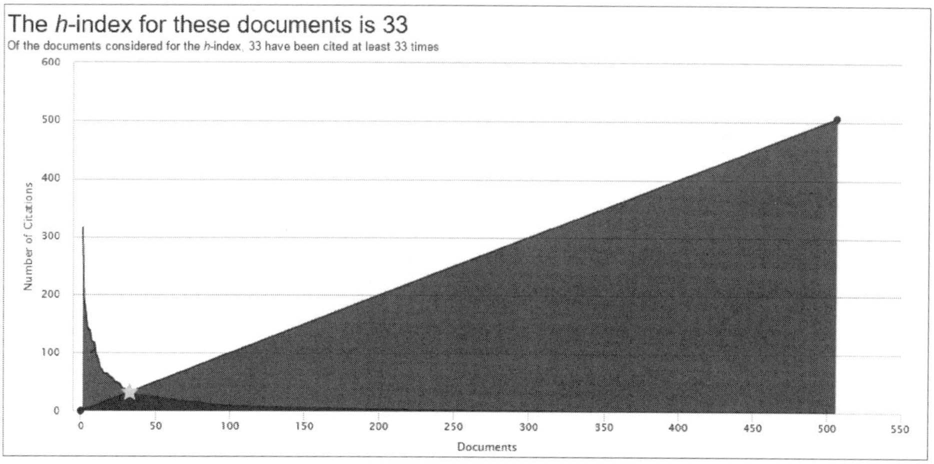

图 5.11　CiteSpace 经典论文的施引文献的 h 指数

结果

数据的载入、转换及描述性统计分析：

```
> library(bibliometrix)
> setwd("D:/citespace")
> D <- readFiles("citespace.bib")
> citespace <- convert2df(D,  dbsource = "scopus", format = 
"bibtex")
##Articles extracted   100
##Articles extracted   200
##Articles extracted   300
##Articles extracted   400
##Articles extracted   500
##Articles extracted   505
```

描述性分析代码及结果：

```
> results <- biblioAnalysis(citespace,sep = ";")
> summary(results, k = 10, pause = FALSE)
```

##Main Information about data（CiteSpace 经典论文施引文献基本信息）

```
Articles                                    505
 Sources (Journals, Books, etc.)            276
 Keywords Plus (ID)                         2372
 Author's Keywords (DE)                     1215
 Period                                     2006-2017
 Average citations per article              9.511
 Authors                                    984
 Author Appearances                         1589
 Authors of single authored articles        27
 Authors of multi authored articles         957
 Articles per Author                        0.513
 Authors per Article                        1.95
 Co-Authors per Articles                    3.15
 Collaboration Index                        2.16
```

##Annual Scientific Production（施引文献的年度分布）

```
    Year    Articles
    2006           4
    2007          23
    2008          23
    2009          43
    2010          41
    2011          37
    2012          47
    2013          47
    2014          62
    2015          53
    2016          79
    2017          46
 Annual Percentage Growth Rate 24.86108
```

Most Productive Authors（施引文献的作者分布）

```
    Authors        Articles Authors           Articles Fractionalized
 1  CHEN,C               42 CHEN,C                              17.74
 2  ZHANG,J              19 ZHANG,J                              5.78
 3  WANG,X               14 LEYDESDORFF,L                        5.50
 4  ZHANG,X              12 WANG,X                               3.83
 5  LEYDESDORFF,L        10 SMALL,H                              3.67
 6  LI,X                 10 YAN,E                                3.50
 7  KAJIKAWA,Y            8 LI,X                                 3.49
 8  LIU,Z                 8 KHAN,G                               3.00
 9  WANG,W                8 LUCIO-ARIAS,D                        3.00
 10 BRNER,K               7 ZHANG,X                              2.81
```

Top manuscripts per citations（施引文献中的高被引文献）

```
                                      Paper
 1  VANECK N;WALTMAN L,(2010),SCIENTOMETRICS
 2  JAHANGIRIAN M;ELDABI T;NASEER A;STERGIOULAS L;YOUNG T,(2010),EUR
J OPER RES
 3  LEYDESDORFF L,(2007),J. AM. SOC. INF. SCI. TECHNOL.
 4  BRAILSFORD S;HARPER P;PATEL B;PITT M,(2009),J. SIMUL.
 5  VANCLAY J,(2012),SCIENTOMETRICS
 6  BAR-ILAN J,(2008),J. INF.
 7  COBO M;LPEZ-HERRERA A;HERRERA-VIEDMA E;HERRERA F,(2011),J. AM.
SOC. INF. SCI. TECHNOL.
 8  YAN E;DING Y,(2009),J. AM. SOC. INF. SCI. TECHNOL.
 9  CHEN C;IBEKWE-SANJUAN F;HOU J,(2010),J. AM. SOC. INF. SCI.
TECHNOL.
 10 MOREAU L,(2010),FOUND. TRENDS WEB SCI.
     TC TCperYear
 1  315      45.0
 2  194      27.7
```

```
3  174       17.4
4  147       18.4
5  140       28.0
6  138       15.3
7  121       20.2
8  119       14.9
9  118       16.9
10  97       13.9
```

Most Productive Countries（施引文献作者的来源国家或地区）

```
       Country     Articles    Freq
1  CHINA                192 0.3895
2  USA                  109 0.2211
3  UNITED KINGDOM        28 0.0568
4  BRAZIL                22 0.0446
5  JAPAN                 14 0.0284
6  GERMANY               13 0.0264
7  NETHERLANDS           12 0.0243
8  TAIWAN                12 0.0243
9  AUSTRALIA             10 0.0203
10 FRANCE                10 0.0203
```

Total Citations per Country（施引文献国家或地区的被引信息）

```
     Country         Total Citations    Average Article Citations
1  USA                          1449                        13.29
2  NETHERLANDS                   813                        67.75
3  UNITED KINGDOM                749                        26.75
4  CHINA                         432                         2.25
5  CANADA                        178                        25.43
6  SPAIN                         176                        58.67
7  AUSTRALIA                     157                        15.70
8  ISRAEL                        139                        34.75
```

```
   9  JAPAN                          104                         7.43
   10 TAIWAN                          92                         7.67
```

Most Relevant Sources（施引文献的来源）

```
                                    Sources
   1  SCIENTOMETRICS
   2  JOURNAL OF THE AMERICAN SOCIETY FOR INFORMATION SCIENCE AND
TECHNOLOGY
   3  JOURNAL OF INFORMETRICS
   4  LECTURE NOTES IN COMPUTER SCIENCE
   5  12TH INTERNATIONAL CONFERENCE ON SCIENTOMETRICS AND INFORMETRICS
ISSI 2009
   6  PROCEEDINGS OF THE INTERNATIONAL CONFERENCE ON INFORMATION
VISUALISATION
   7  IEEE TRANSACTIONS ON VISUALIZATION AND COMPUTER GRAPHICS
   8  PROCEEDINGS OF ISSI 2007
   9  TECHNOLOGICAL FORECASTING AND SOCIAL CHANGE
   10 WUHAN DAXUE XUEBAO (XINXI KEXUE BAN)
      Articles
   1        68
   2        23
   3        19
   4        15
   5         8
   6         8
   7         7
   8         7
   9         6
   10        6
```

Most Relevant Keywords（施引文献的作者关键词和补充关键词）

```
Author Keywords (DE)      Articles    Keywords-Plus (ID)       Articles
1  CITESPACE                    48 RESEARCH                          33
2  BIBLIOMETRICS                44 INFORMATION SYSTEMS               31
3  VISUALIZATION                31 INFORMATION VISUALIZATION         30
4  SCIENTOMETRICS               27 DATA MINING                       26
5  CITATION ANALYSIS            24 INFORMATION ANALYSIS              26
6  INFORMATION VISUALIZATION    21 CITATION ANALYSIS                 24
7  CO-CITATION ANALYSIS         20 COCITATION                        23
8  SOCIAL NETWORK ANALYSIS      20 BIBLIOMETRICS                     22
9  VISUALIZATION ANALYSIS       15 INFORMATION SCIENCE               20
10 BIBLIOMETRIC ANALYSIS        14 SCIENTIFIC LITERATURE             18
```

国家或地区的相关矩阵，可视化结果如图 5.12。

```
> citespace <- metaTagExtraction(citespace, Field = "AU_CO",sep = ";")
> AU_CO <- cocMatrix(citespace, Field = "AU_CO", type = "sparse", sep = ";")
> NetMatrix_dataframe=as.data.frame.matrix(AU_CO)
> AU_CO_D <- cor(NetMatrix_dataframe)
> round(AU_CO_D,digits=2)
##    SINGAPORE CROATIA COLOMBIA CHILE BELGIUM  CUBA SWEDEN IRELAND
AUSTRALIA -0.01    -0.01    -0.01 -0.01   -0.01 -0.01  -0.01   -0.01
CHINA     -0.05    -0.04    -0.04 -0.04   -0.03 -0.06  -0.06   -0.04
ITALY     -0.01     0.00     0.00  0.00   -0.01 -0.01  -0.01    0.00
GERMANY   -0.01    -0.01    -0.01 -0.01    0.13 -0.01  -0.01   -0.01
SPAIN     -0.01    -0.01    -0.01 -0.01   -0.01  0.21  -0.01   -0.01
UNITED STATES -0.03 -0.02   -0.02 -0.02   -0.05 -0.04  -0.04   -0.02
BRAZIL    -0.01    -0.01    -0.01 -0.01   -0.02 -0.02  -0.02   -0.01
UNITED KINGDOM -0.02 -0.01  -0.01 -0.01   -0.02 -0.02  -0.02   -0.01
HONG KONG  0.00     0.00     0.00  0.00   -0.01  0.00   0.00    0.00
CANADA    -0.01    -0.01    -0.01 -0.01   -0.01 -0.01  -0.01   -0.01
```

```
    ISRAEL        0.00      0.00       0.00  0.00    -0.01 -0.01   -0.01      0.00
                                     (略……)

    > library("corrplot")
    > col<- colorRampPalette(c("#BB4444","#EE9988","#FFFFFF","#77AADD","#4477AA"))
    > corrplot(AU_CO_D,method = "shade", shade.col = NA, tl.col = "black", tl.srt = 90,order="AOE", tl.cex = 0.8,col=col(200))
```

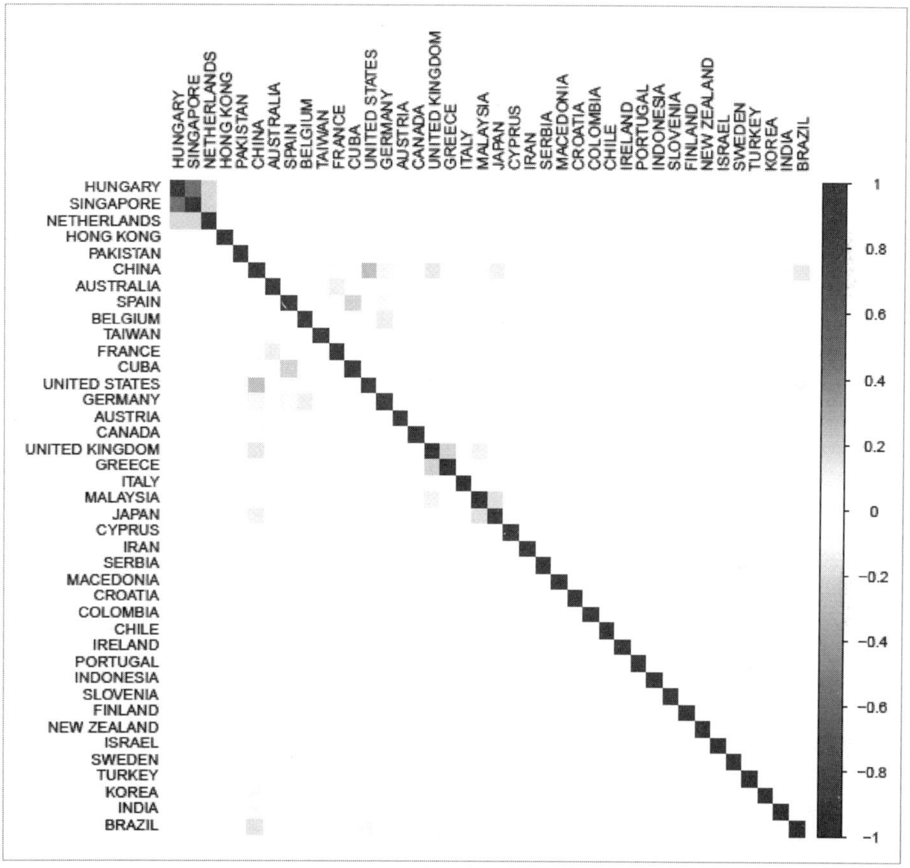

图 5.12　国家或地区相关矩阵

相关矩阵的其他表达（如图 5.13）。

```
> corrplot(AU_CO_D,diag=FALSE,order="hclust", addrect =5, rect.lwd = 1.3,rect.col = "red",tl.cex = 0.8,tl.col = "black")
```

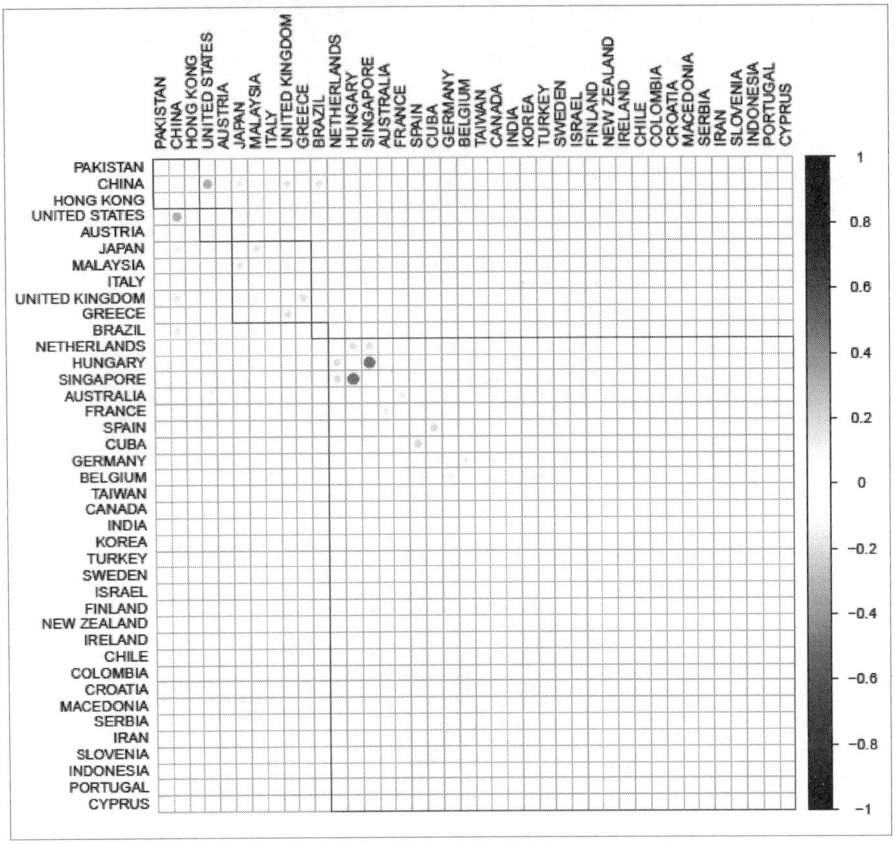

图 5.13　国家或地区相关矩阵

国家或地区的合作网络分析可视化，结果如图 5.14。

```
> citespace <- metaTagExtraction(citespace, Field = "AU_CO",sep = ";")
> NetMatrix <- biblioNetwork(citespace, analysis = "collaboration", network = "countries", sep = ";")
> net=networkPlot(NetMatrix, n = 39, type = "fruchterman", size=T,labelsize=0.7, weighted = TRUE,edgesize = 1,halo = TRUE,curved=TRUE,remove.multiple = T,remove.isolates = T)
```

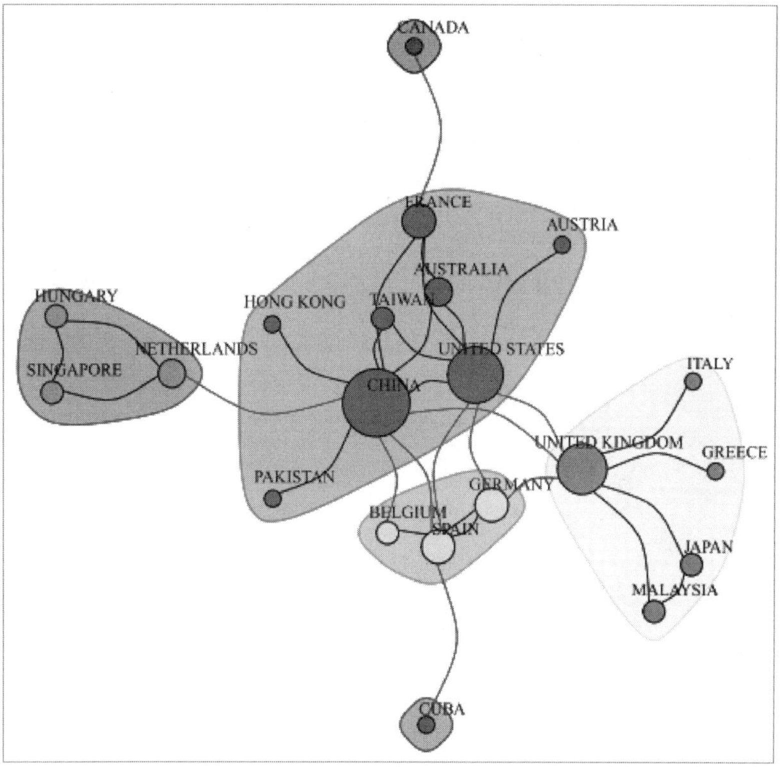

图 5.14　国家或地区的合作网络

引用 CiteSpace 论文的主题分布：

使用 VOSviewer 对关键词共现的可视化，如图 5.15。

```
> NetMatrix <- biblioNetwork(citespace, analysis = "co-occurrences", network = "author_keywords", sep = ";")
> net=networkPlot(NetMatrix, n = 100,labelsize = 0.5, Title = "Keyword Co-occurrences", vos.path = "D:/CiteSpace", type = "vosviewer", size=T, remove.multiple=T)
## Warning message:
## running command 'java -jar D:/CiteSpace/VOSviewer.jar -pajek_network D:/CiteSpace/vosnetwork.net' had status 127
```

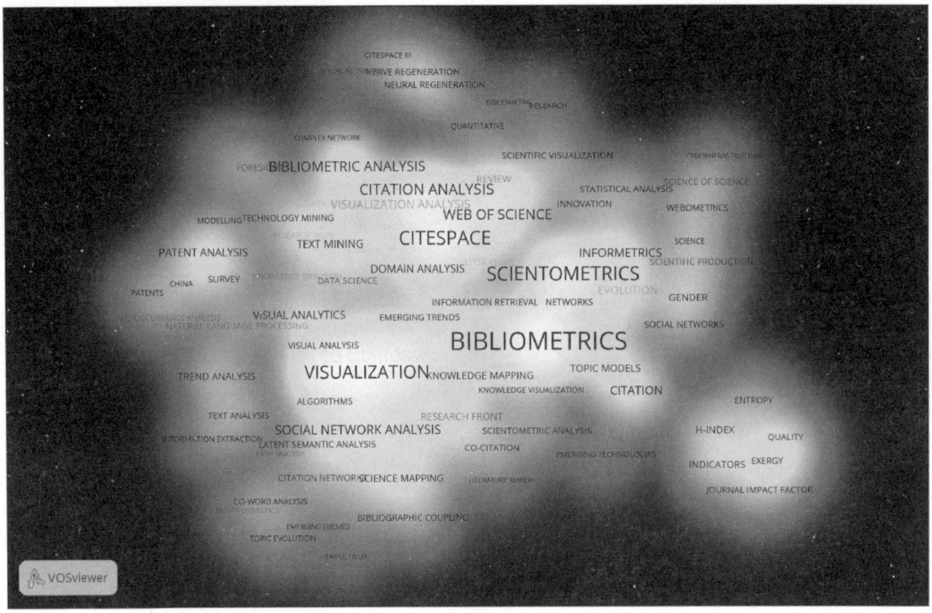

图 5.15　引用 CiteSpace 经典论文的作者关键词分析（network = "author_keywords"）

采用类似的方法对补充关键词共现分析的可视化结果，如图 5.16。

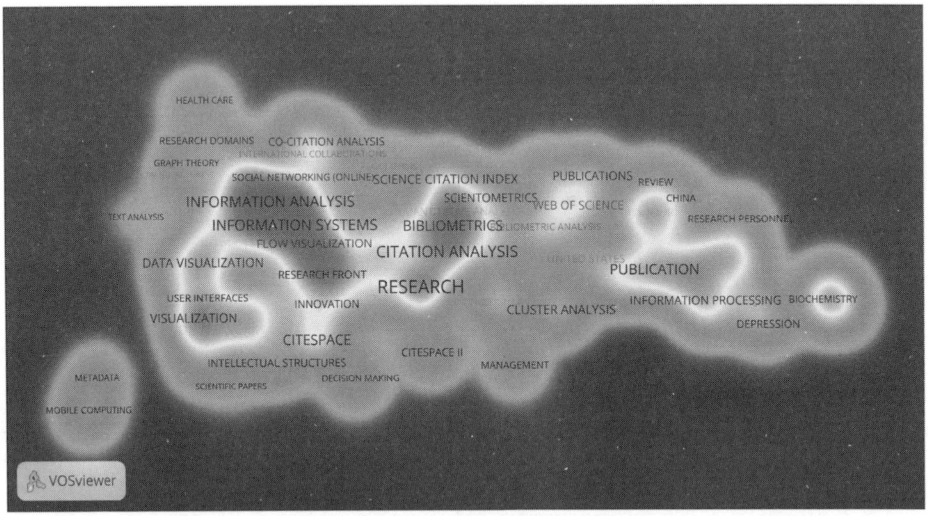

图 5.16　引用 CiteSpace 经典论文的补充关键词分析（network = "keywords"）

5.3 特定机构的论文研究

问题

荷兰莱顿大学科学技术研究中心（Centre for Science and Technology Studies，图 5.17）是科学数据可视化的重要单位，在世界上有重要影响。这里分析该机构产出的论文，以其作为特定机构论文的研究。

图 5.17　荷兰莱顿大学科学技术研究中心

方法

在 Web of Science 核心库的高级检索功能界面（图 5.18），以地址检索该组织的研究论文。最后，共得到该机构在核心数据集（包含了 SCI-EXPANDED, SSCI, A&HCI, CPCI-S, CPCI-SSH）中收录的 340 篇论文。在检索结果界面中，将结果保存为 BibTex 格式。

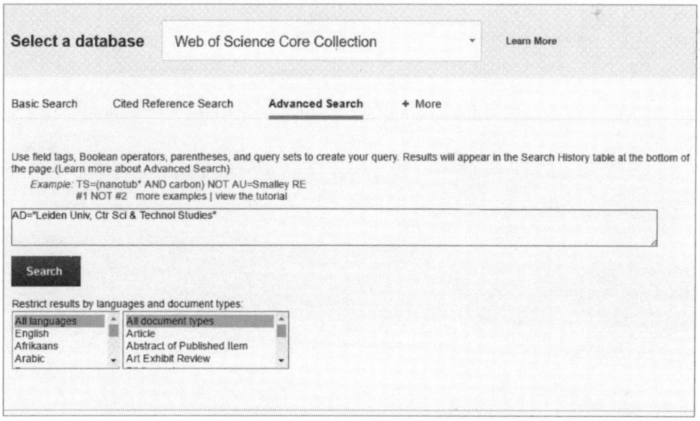

图 5.18　检索条件设置

结果

通过数据库提供的引证报告分析界面，得到了1991—2017年340篇论文被引证的基本信息。这些论文共被5 168篇论文引用了8 858次（去除自引后为7 995次），论文的平均被引次数达到了26.05次，论文集合的h指数达到了52次（图5.19）。

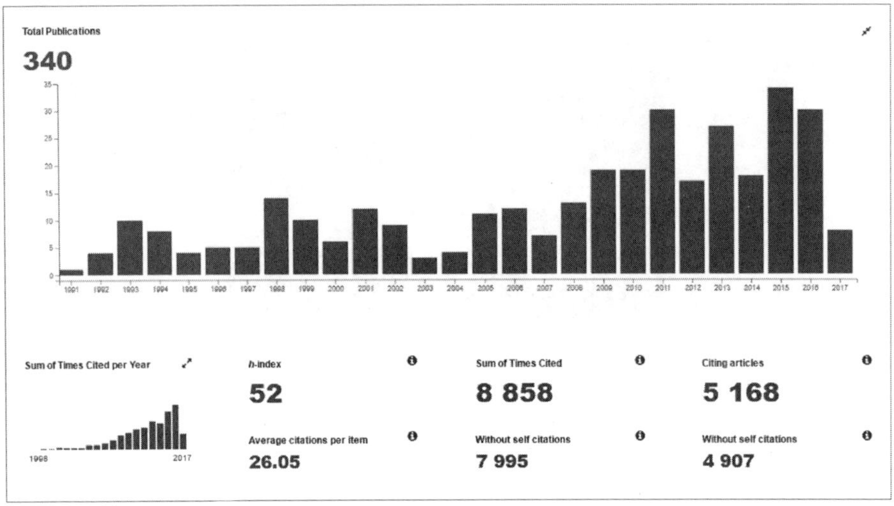

图5.19　CWTS论文的引证结果

CWTS论文数据读取和转换：

```
> library(bibliometrix)
> setwd("D:/CWTS")
> D <- readFiles("CWTS.bib")
> CWTS <- convert2df(D, dbsource = "isi",format = "bibtex")
## Articles extracted   100
## Articles extracted   200
## Articles extracted   300
## Articles extracted   340
```

描述性统计分析的执行：

```
> results <- biblioAnalysis(CWTS,sep = ";")
> summary(results, k = 10, pause = FALSE)
```

340 篇论文的基本分布：

```
## Main Information about data
```

```
Articles                              340
Sources (Journals, Books, etc.)       53
Keywords Plus (ID)                    512
Author's Keywords (DE)                464
Period                                1991-2017
Average citations per article         26.05
Authors                               196
Author Appearances                    827
Authors of single authored articles   1
Authors of multi authored articles    195

Articles per Author                   1.73
Authors per Article                   0.576
Co-Authors per Articles               2.43
Collaboration Index                   0.768
```

```
## Annual Scientific Production
```

```
Year    Articles
   1991        1
   1992        4
   1993       10
   1994        8
   1995        4
   1996        5
   1997        5
   1998       14
   1999       10
   2000        6
   2001       12
```

```
    2002        9
    2003        3
    2004        4
    2005       11
    2006       12
    2007        7
    2008       13
    2009       19
    2010       19
    2011       30
    2012       17
    2013       27
    2014       18
    2015       34
    2016       30
    2017        8

Annual Percentage Growth Rate 8.32638
```

Most Productive Authors

	Authors	Articles	Authors	Articles Fractionalized
1	VANRAAN,A	81	VANRAAN,A	49.0
2	VANLEEUWEN,T	65	MOED,H	27.6
3	MOED,H	56	WALTMAN,L	25.1
4	WALTMAN,L	56	VANLEEUWEN,T	24.4
5	TIJSSEN,R	46	TIJSSEN,R	22.3
6	VANECK,N	45	NOYONS,E	17.7
7	NOYONS,E	41	VANECK,N	16.0
8	COSTAS,R	33	COSTAS,R	11.4
9	VISSER,M	20	NEDERHOF,A	8.0
10	NEDERHOF,A	15	VISSER,M	5.5

```
## Top manuscripts per citations
                                                    Paper        TC  TCperYear
  1  VANRAAN A,(2006),SCIENTOMETRICS                             285    25.91
  2  VANRAAN A,(2005),SCIENTOMETRICS                             275    22.92
  3  MOED H;DEBRUIN R;VANLEEUWEN T,(1995),SCIENTOMETRICS         272    12.36
  4  VANECK N;WALTMAN L,(2010),SCIENTOMETRICS                    260    37.14
  5  NEDERHOF A,(2006),SCIENTOMETRICS                            239    21.73
  6  MOED H,(2010),J. INFORMETR.                                 204    29.14
  7  VANRAAN A,(1996),SCIENTOMETRICS                             181     8.62
  8  VANLEEUWEN T;MOED H;TIJSSEN R;VISSER M;VANRAAN A,(2001),SCIENTOM
ETRICS                                                           161    10.06
  9  WALTMAN L;VANECK N;VANLEEUWEN T;VISSER M;VANRAAN A,(2011),J. INF
ORMETR.                                                          150    25.00
 10 MOED H;VANLEEUWEN T,(1996),NATURE                            140     6.67
```

```
## Most Productive Countries
        Country   Articles       Freq
  1  NETHERLANDS        277    0.81471
  2  SPAIN               15    0.04412
  3  USA                  8    0.02353
  4  GERMANY              6    0.01765
  5  BELGIUM              5    0.01471
  6  CANADA               5    0.01471
  7  SWEDEN               4    0.01176
  8  DENMARK              3    0.00882
  9  NORWAY               3    0.00882
 10 AUSTRALIA             2    0.00588
```

```
## Total Citations per Country
     Country       Total Citations    Average Article Citations
  1   NETHERLANDS             8025                        28.97
  2   SPAIN                    254                        16.93
```

```
3   USA                     148                    18.50
4   FINLAND                 137                   137.00
5   BELGIUM                  79                    15.80
6   AUSTRALIA                74                    37.00
7   CANADA                   36                     7.20
8   ITALY                    26                    13.00
9   GERMANY                  24                     4.00
10  DENMARK                  18                     6.00
```

```
## Most Relevant Sources
```

```
                      Sources                                  Articles
  1  SCIENTOMETRICS                                                 109
  2  JOURNAL OF INFORMETRICS                                         32
  3  JOURNAL OF THE AMERICAN SOCIETY FOR INFORMATION SCIENCE AND TECH
NOLOGY                                                               24
  4  RESEARCH EVALUATION                                             24
  5  RESEARCH POLICY                                                 16
  6  PLOS ONE                                                        13
  7  NATURE                                                           8
  8  JOURNAL OF THE AMERICAN SOCIETY FOR INFORMATION SCIENCE          7
  9  JOURNAL OF DOCUMENTATION                                         5
  10 JOURNAL OF THE ASSOCIATION FOR INFORMATION SCIENCE AND
TECHNOLOGY                                                            4
```

```
## Most Relevant Keywords
```

```
   Author Keywords (DE)    Articles Keywords-Plus (ID)     Articles
1    BIBLIOMETRICS               19 SCIENCE                      77
2    CITATION ANALYSIS           19 INDICATORS                   46
3    BIBLIOMETRIC INDICATOR       7 IMPACT                       29
4    FIELD NORMALIZATION          6 RESEARCH PERFORMANCE         23
5    PUBLICATIONS                 6 JOURNALS                     20
6    SCOPUS                       6 CITATION                     19
```

```
7    BIBLIOMETRIC INDICATORS       5 PERFORMANCE                  19
8    BIBLIOMETRIC MAPPING          5 BIBLIOMETRIC INDICATORS      16
9    CITATION                      5 NETWORKS                     16
10   COLLABORATION                 5 COLLABORATION                13
```

CWTS 机构的主题结构（基于标准化后的作者关键词），如图 5.20。

```
> CS <- conceptualStructure(CWTS,field="DE_TM",minDegree=3,k.max=8,labelsize=7)
```

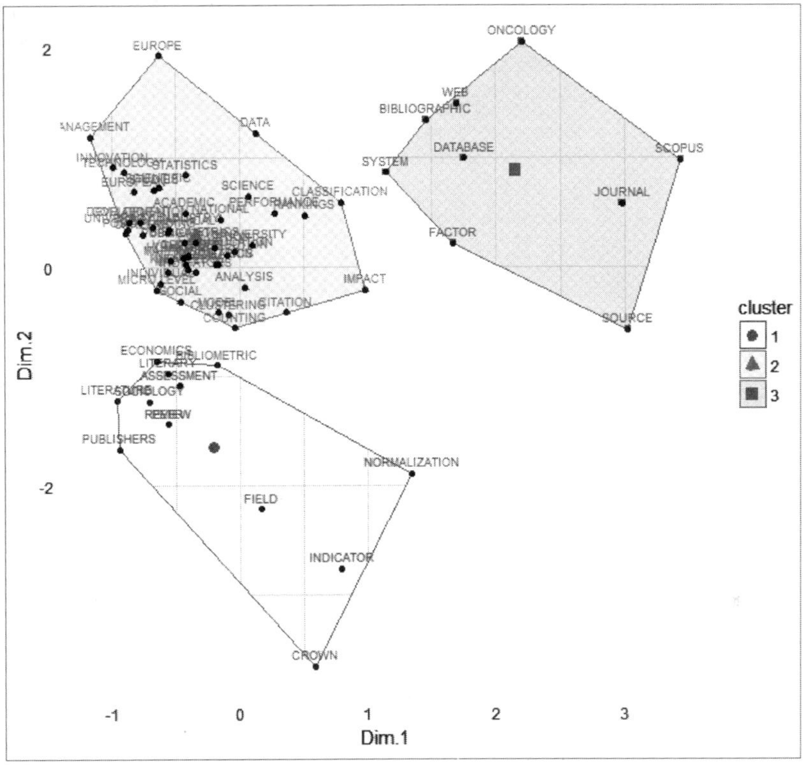

图 5.20　CWTS 研究主题的结构

研究主题的时序累积趋势。

```
>CWTS <- termExtraction(CWTS,Field = "DE",remove.numbers=TRUE,verbose=TRUE,stemming=TRUE)
```

分析过程和可视化，结果如图 5.21。

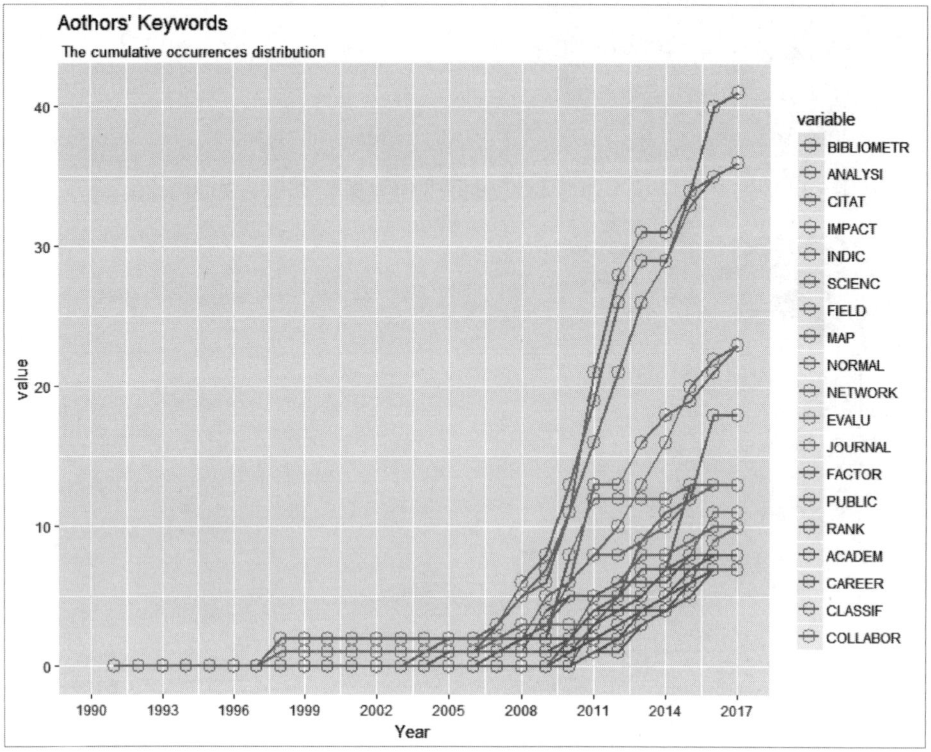

图 5.21 关键词的累积趋势

```
NA BIBLIOMETR  ANALYSI  CITAT   IMPACT  INDIC  SCIENC  FIELD   MAP      NORMAL    NETWORK
214            41       36      36      23     23      18      13       13        13        11
EVALU          JOURNAL  FACTOR  PUBLIC  RANK   ACADEM  CAREER  CLASSIF  COLLABOR  DISTRIBUT POLICI
10             10       8       8       8      7       7       7        7         7         7
UNIVERS        STATIST  STUDI
7              6        6
>topKW=KeywordGrowth(CWTS, Tag = "DE_TM", sep = ";",top=20, cdf=T)
>topKW2 <- topKW[,-c(2)]
>library(reshape2)
>library(ggplot2)
>DF=melt(topKW2, id='Year')
```

```
>ggplot(DF,aes(Year,value, group=variable, color=variable))+geom_
line(size=1)+
+ ggtitle(label = "Aothors' Keywords", subtitle = " The cumulative
occurrences distribution")+ geom_point(size=4,shape=1)+ scale_x_continuo
us(limits=c(1990,2017),breaks=seq(1990,2017,3))
```

5.4 特定期刊的比较研究

问题

Journal of Informetrics❶和Scientometrics ❷是科学计量学界的两本最具代表性的旗舰期刊（图 5.22），为了了解 2016 年两本期刊刊载论文的整体分布及

图 5.22　JOI 和 SCIM 杂志封面

❶ Journal of Informetrics 期刊是由荷兰爱思唯尔出版集团出版的学术期刊，其创刊于 2007 年，首任主编为 G 指数的提出者 Leo Egghe。当前的主编是莱顿大学的研究员 Ludo Waltman。在 JCR2016 中的影响因子为 2.920，在 Computer Science, Interdisciplinary Applications 中排名为 22/105，在 Information Science & Library Science 中的排名为 12/85。

❷ SCIENTOMETRICS 期刊是由德国施普林格出版集团出版的学术期刊，其创刊于 1978 年，首任主编由比利时科学研究院 Tibor Braun 担任，当前的主编是比利时鲁汶大学（KU Leuven）Wolfgang Glänzel 教授。JCR2016 中的影响因子为 2.147，在 Computer Science, Interdisciplinary Applications 中排名 42/105，在 Information Science & Library Science 中排名为 21/85。

其主题的组成，使用科学计量与可视化的方法来进行分析和研究[1]。

方法

在Web of Science中使用期刊检索，来分别获取Journal of Informetrics(简称JOI)和Scientometrics(简称SCIM)期刊的文献题录数据(图5.23)。例如，在字段名称后分别选择出版物名称和出版年，之间使用布尔逻辑and连接。在出版物名称中输入Scientometrics，在出版年中输入2016，并点击“检索”达到结果页面。然后，按照本书第二讲中的步骤进行数据的导出即可。

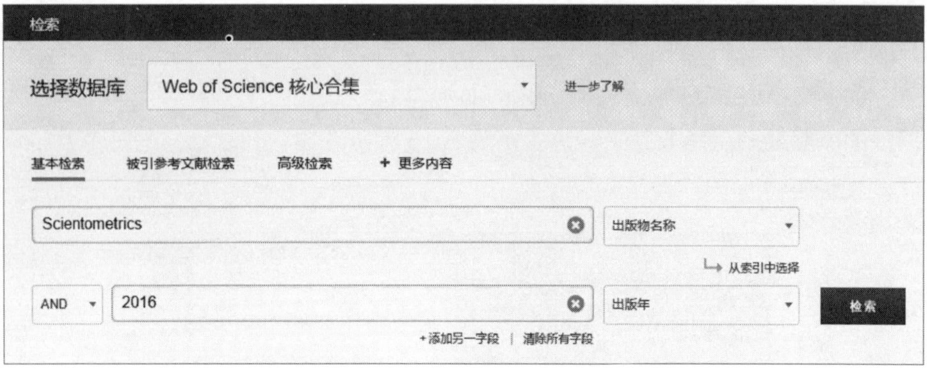

图5.23　获取SCIM的数据

结果

数据整体分布

共检索到2016年发表在SCIM的论文379篇，发表在JOI的论文104篇。SCIM和JOI在2016年的论文h指数分别为5和7，论文平均被引频次分别为1.03和1.88，这两项指标JOI都要好于SCIM(图5.24)。

---

[1] 对于该部分的内容，读者可以从CNKI等全文数据库中下载对特定期刊进行科学计量学研究的论文。例如：

[1] 王玲，王丽丹．Scientometrics 2000~2014年载文分析 [J]. 图书情报研究,2016,(01):68-73.

[2] 周海花，华薇娜．从世界顶级计量学期刊看信息计量学和科学计量学的现状及发展——Journal of Informetrics和Scientometrics发文分析[J]. 现代情报,2014(02):115-120.

[3] 侯海燕，刘则渊，赫尔顿·克雷奇默，屈天鹏，路春婷，宋刚．中国科学计量学国际合作网络研究[J]. 科研管理,2009(03):172-179.

图 5.24　SCIM 和 JOI 在 2016 年发文的情况

在 D 盘建立文件夹 "JOI" 和 "SCIM"，将下载的 txt 文件分别放在两个文件夹中，然后通过 R 来进行分析。

期刊详细比较

（1）JOI 期刊的分析结果

① JOI 数据的读取。

```
> library(bibliometrix)
> setwd("D:/joi")
> D <- readFiles("data_joi.txt")
> JOI <- convert2df(D,dbsource = "isi", format = "plaintext")
## Articles extracted   100
## Articles extracted   104
> results <- biblioAnalysis(JOI,sep = ";")
> summary(results, k = 10, pause = FALSE)
```

② JOI 期刊论文数据的整体分布。

```
##Main Information about data


 Articles                              104
 Sources (Journals, Books, etc.)       1
 Keywords Plus (ID)                    315
```

```
Author's Keywords (DE)                    329
Period                                    2016—2016
Average citations per article             1.875

Authors                                   207
Author Appearances                        263
Authors of single authored articles       19
Authors of multi authored articles        188

Articles per Author                       0.502
Authors per Article                       1.99
Co-Authors per Articles                   2.53
Collaboration Index                       2.58
```

③ JOI 作者的来源和合作分析。

```
##Most Productive Authors

   Authors         Articles Authors          Articles Fractionalized
1  BORNMANN,L            11   THELWALL,M                       6.50
2  THELWALL,M             7   WALTMAN,L                        5.08
3  WALTMAN,L              7   BORNMANN,L                       4.67
4  ABRAMO,G               6   ABRAMO,G                         2.50
5  D'ANGELO,C             5   HAUNSCHILD,R                     2.33
6  HAUNSCHILD,R           5   D'ANGELO,C                       2.17
7  ROUSSEAU,R             5   ROUSSEAU,R                       2.05
8  SONG,M                 3   MUTZ,R                           1.25
9  DI,Z                   2   ABBASI,A                         1.00
10 FRANCESCHINI,F         2   CHI,S                            1.00
```

④ JOI 作者的合作网络分析。

```
> NetMatrix <- biblioNetwork(JOI, analysis = "collaboration",network =
"authors",sep = ";")
```

```
> net <- networkPlot(NetMatrix, n = 50,type = "fruchterman",Title =
"authors' Collaboration",labelsize=0.5,remove.isolates = TRUE, size = F)
```

JOI 作者合作网络的可视化分析结果如图 5.25。

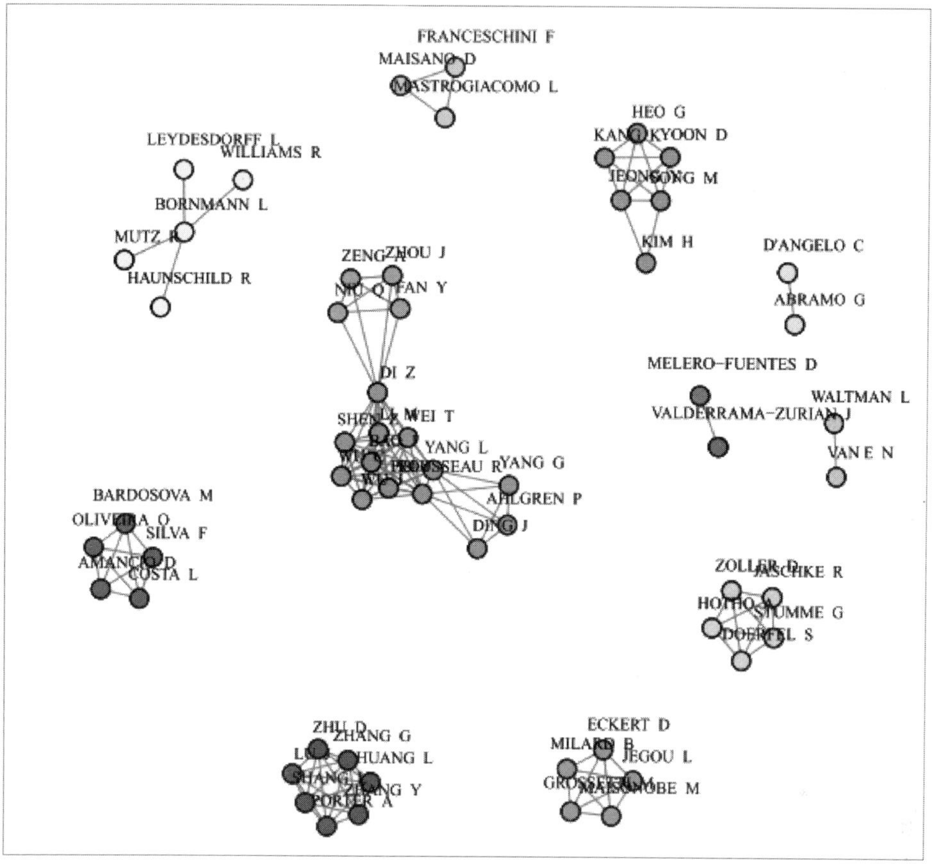

图 5.25　JOI 作者的合作网络分析

⑤ JOI 发文来源国家或地区的分析。

```
##Most Productive Countries

    Country   Articles  Freq
1  ITALY            11 0.1058
2  CHINA            10 0.0962
```

```
3  ENGLAND              9 0.0865
4  GERMANY              9 0.0865
5  NETHERLANDS          9 0.0865
6  USA                  7 0.0673
7  BELGIUM              5 0.0481
8  SPAIN                5 0.0481
9  KOREA                4 0.0385
10 SWITZERLAND          4 0.0385
```

JOI 国家或地区的合作网络可视化结果如图 5.26。

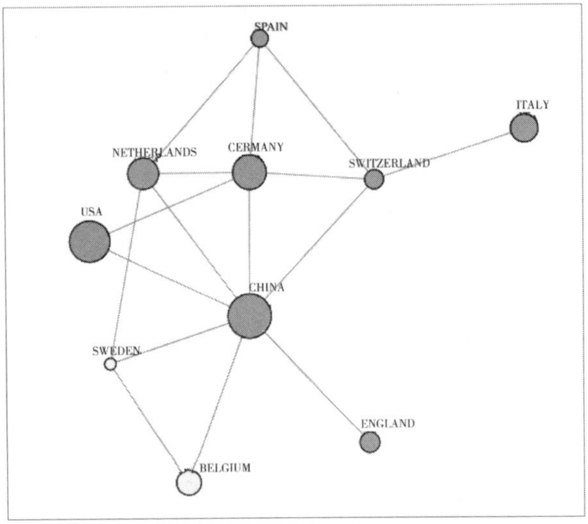

图 5.26　JOI 国家或地区的合作网络

⑥ JOI 的关键词结构图。

a) JOI 的高频补充关键词词频分布和结构图（图 5.27）。

```
>Tab<-tableTag(JOI, Tag = "ID", sep = ";")
>Tab[1:10]
##Tab
          SCIENCE          IMPACT      INDICATORS     PERFORMANCE
               23              20              14              12
```

```
          H-INDEX              WEB CITATION IMPACT          JOURNALS
                9                    9                   8                8
            INDEX          PATTERNS
                6                    6
    >CS <- conceptualStructure(JOI, field="ID",minDegree=3, k.max=5,
stemming=FALSE,labelsize=10)
```

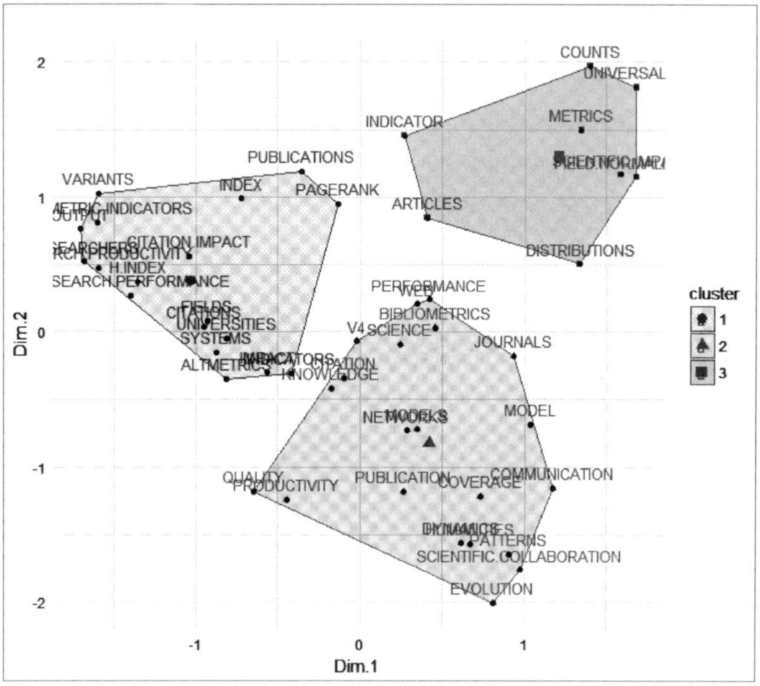

图 5.27　JOI 补充关键词结构

补充关键词的共现网络分析（图 5.28）。

```
    > NetMatrix <- biblioNetwork(JOI, analysis = "co-occurrences",
network = "keywords", sep = ";")
    > net=networkPlot(NetMatrix, n = 50,noloops=TRUE,remove.isolates =
TRUE,Title = "Keyword Co-occurrences", labelsize=0.5,type = "kamada",
size=T)
```

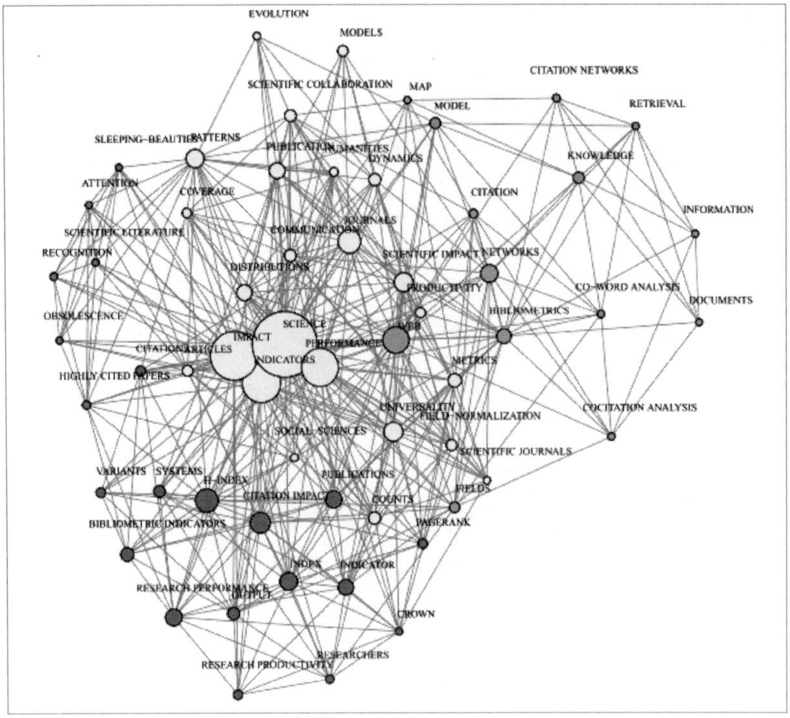

图 5.28　JOI 补充关键词的共现网络

b) JOI 的高频作者关键词的词频分布和结构图（图 5.29）。

```
> Tab<-tableTag(JOI, Tag = "DE", sep = ";")
> Tab[1:10]
##Tab
BIBLIOMETRICS   CITATION ANALYSIS          SCOPUS          ALTMETRICS
          13                   10               6                   5
    CITATION RESEARCH EVALUATION     CITATIONS     HOOKED POWER LAW
           5                    5               4                   4
 CO-AUTHORSHIP                 FSS
           3                    3
> CS <- conceptualStructure(JOI,field="DE",minDegree=2,k.
max=5,labelsize=7)
```

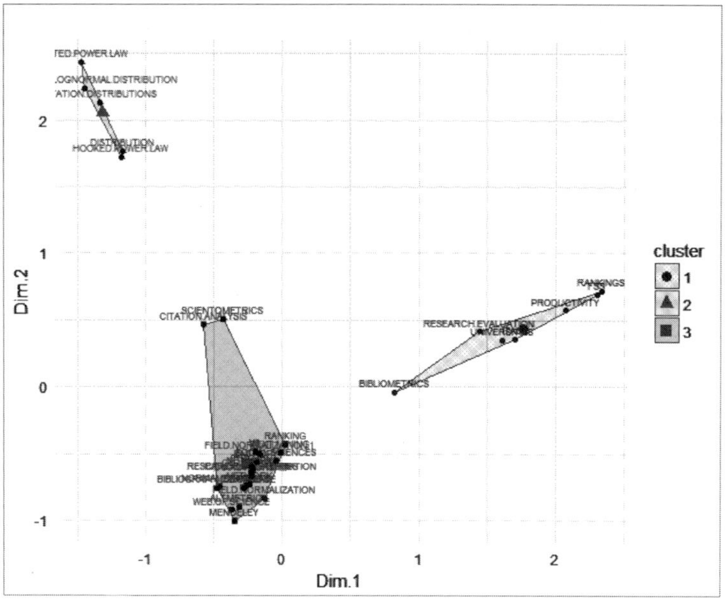

图 5.29　JOI 作者关键词结构

作者关键词的共现网络，结果如图 5.30。

```
> NetMatrix <- biblioNetwork(JOI, analysis = "co-occurrences",
network = "author_keywords", sep = ";")
> net=networkPlot(NetMatrix, n = 50,noloops=TRUE,remove.isolates =
TRUE,Title = "Keyword Co-occurrences", labelsize=0.5,type =
"fruchterman", size=T)
```

（2）SCIM 期刊的分析结果

① SCIM 数据的加载和转换。

```
> setwd("D:/scientometrics")
> D <- readFiles("data_sci.txt")
> scientometrics <- convert2df(D,dbsource = "isi", format =
"plaintext")
##Articles extracted   100
##Articles extracted   200
##Articles extracted   300
```

```
##Articles extracted   379
> results <- biblioAnalysis(scientometrics,sep = ";")
> summary(results, k = 10, pause = FALSE)
```

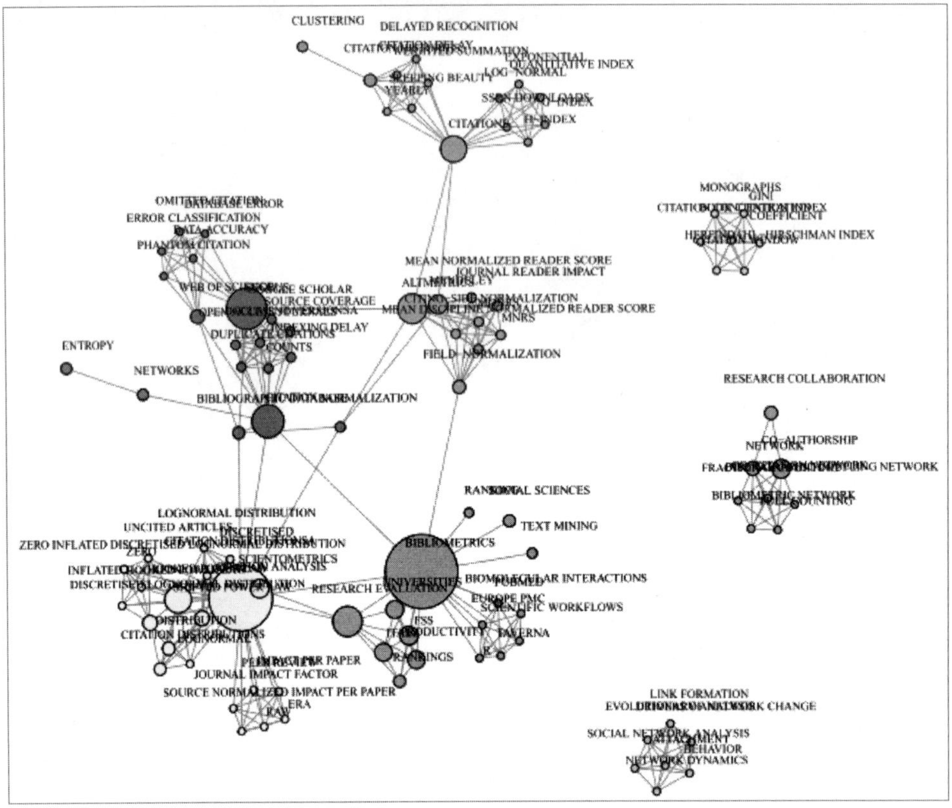

图 5.30　作者关键词的共现网络

② SCIM 期刊论文数据的整体分布。

```
#Main Information about data

 Articles                              379
 Sources (Journals, Books, etc.)       1
 Keywords Plus (ID)                    886
 Author's Keywords (DE)                1317
```

```
# Period                                2016—2016
 Average citations per article          1.034

 Authors                                898
 Author Appearances                     1092
 Authors of single authored articles    34
 Authors of multi authored articles     864

 Articles per Author                    0.422
 Authors per Article                    2.37
 Co-Authors per Articles                2.88
 Collaboration Index                    2.69
```

③ SCIM 作者的来源分析。

```
##Most Productive Authors
   Authors          Articles   Authors          Articles Fractionalized
1  BORNMANN,L              9   BORNMANN,L                          3.78
2  GLANZEL,W               9   HARTLEY,J                           3.75
3  LEYDESDORFF,L           6   GLANZEL,W                           3.06
4  ABRAMO,G                5   DE,MM                               3.00
5  D'ANGELO,C              5   THELWALL,M                          2.83
6  HARTLEY,J               5   SIVERTSEN,G                         2.62
7  THELWALL,M              5   HO,Y                                2.50
8  DE,MM                   4   MOED,H                              2.14
9  HO,Y                    4   POLONIOLI,A                         2.00
10 LARIVIERE,V             4   PRITYCHENKO,B                       2.00
```

④ SCIM 作者的合作网络。

```
> NetMatrix <- biblioNetwork(scientometrics, analysis = "collaboration",network = "authors",sep = ";")
> net <- networkPlot(NetMatrix, n = 50,type = "fruchterman",Title = "authors' Collaboration",labelsize=0.5,remove.isolates = TRUE, size = F)
```

SCIM 作者的合作网络可视化结果，如图 5.31。

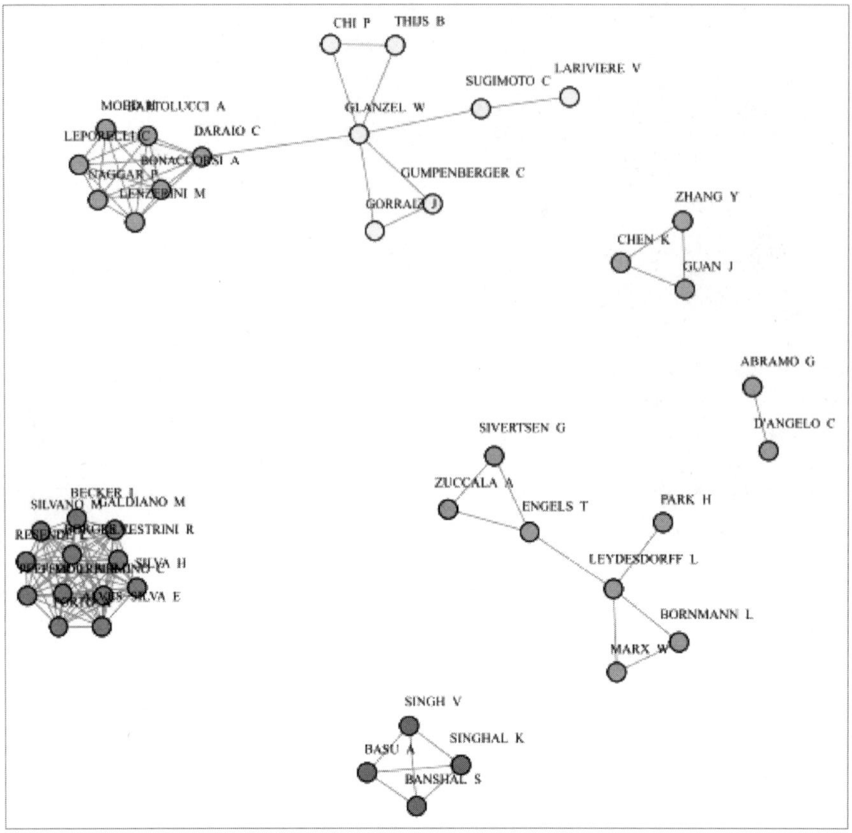

图 5.31　SCIM 作者的合作网络

⑤ SCIM 发文来源国家或地区的分析。

```
##Most Productive Countries
    Country   Articles       Freq
1  CHINA             50    0.1326
2  USA               39    0.1034
3  ITALY             29    0.0769
4  SPAIN             26    0.0690
5  ENGLAND           24    0.0637
6  GERMANY           23    0.0610
```

```
    7 BRAZIL            16    0.0424
    8 TAIWAN            13    0.0345
    9 NETHERLANDS       12    0.0318
   10 INDIA             11    0.0292
```

国家或地区的合作网络的分析过程与可视化结果，如图 5.32。

```
> scientometrics <- metaTagExtraction(scientometrics, Field = "AU_CO", sep = ";")
> NetMatrix <- biblioNetwork(scientometrics, analysis = "collaboration", network = "countries", sep = ";")
> net=networkPlot(NetMatrix, n = 10, labelsize=0.6,Title = "Country Collaboration", type = "kamada", size=TRUE, remove.multiple=T)
```

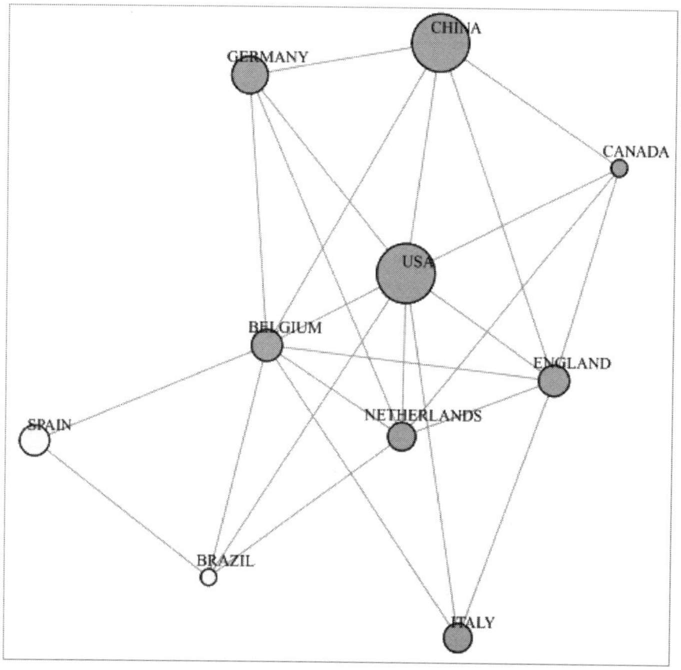

图 5.32　SCIM 国家或地区的合作网络

⑥关键词的词频和结构分析。

a) SCIM 的补充关键词词频及主题结构的分析过程与可视化结果，如图 5.33。

```
>Tab<-tableTag(scientometrics, Tag = "ID", sep = ";")
>Tab[1:10]
##Tab
                  SCIENCE                    IMPACT
                       89                        63
              PERFORMANCE                  JOURNALS
                       39                        38
               INDICATORS                  NETWORKS
                       26                        26
            COLLABORATION                  CITATION
                       25                        20
SCIENTIFIC COLLABORATION                  CITATIONS
                       20                        19
>CS <- conceptualStructure(scientometrics, field="ID",minDegree=4,
k.max=5, stemming=FALSE,labelsize=7)
```

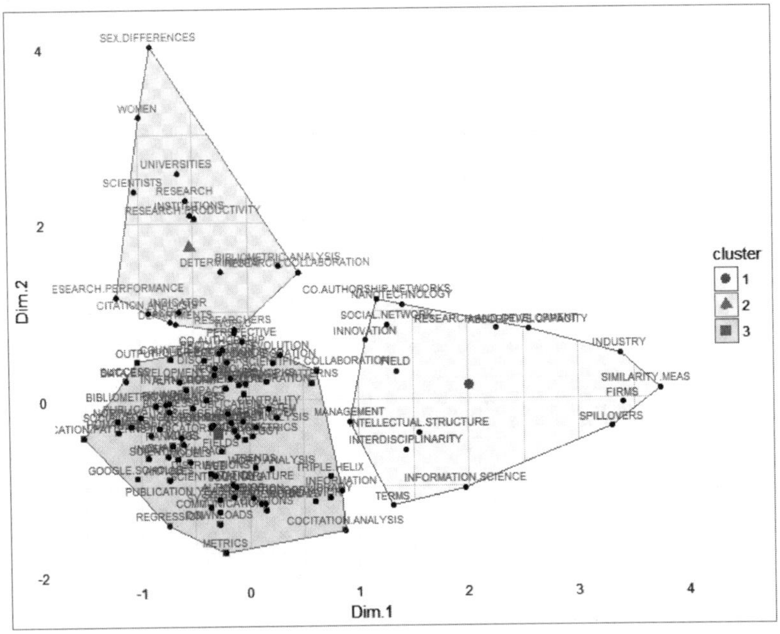

图 5.33 SCIM 补充关键词结构

b) SCIM 的作者关键词词频及主题结构分析过程和可视化结果，如图 5.34。

```
> Tab<-tableTag(scientometrics, Tag = "DE", sep = ";")
> Tab[1:10]
##Tab
   BIBLIOMETRICS      CITATION ANALYSIS   RESEARCH      SCIENTOMETRICS
               43                    29         22                  20
       ALTMETRICS BIBLIOMETRIC ANALYSIS    IMPACT FACTOR     CITATIONS
               15                    15         15                  14
RESEARCH EVALUATION          WEB OF SCIENCE
               13                    12
> CS <- conceptualStructure(scientometrics,field="DE",minDegree=3,k.
max=5,labelsize=7)
```

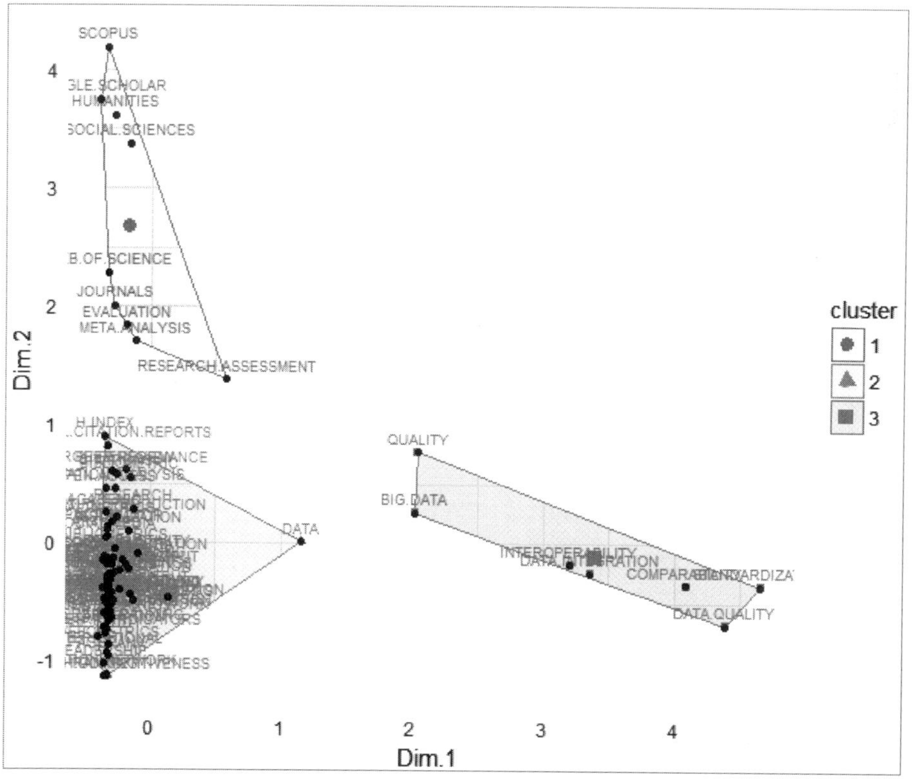

图 5.34　SCIM 作者关键词结构

5.5 特定会议论文的研究

问题

北京理工大学举办的环境科学技术国际会议（见图 5.35，International Symposium on Environmental Science and Technology，简称 ISEST ）的科学计量与可视化分析?

图 5.35 ISEST 会议主页

方法

北京理工大学在 2007—2015 年先后举办了 5 次环境科学技术国际会议（北京 -2007，上海 -2009，敦煌 -2011，大连 -2013，重庆 -2015），在 Web of Science 核心数据集中以会议字段来进行检索。得到检索结果后，进一步使用年份的精炼来检查和下载每一年会议的论文数据（图 5.36）。

图 5.36 ISEST 论文的初步检索结果

R 工具包除了可以处理纯文本格式的 WoS 数据外，还可以处理 BibTex 格式的数据。在本研究中，我们将该会议论文的数据下载为 BibTex 格式（图 5.37）。

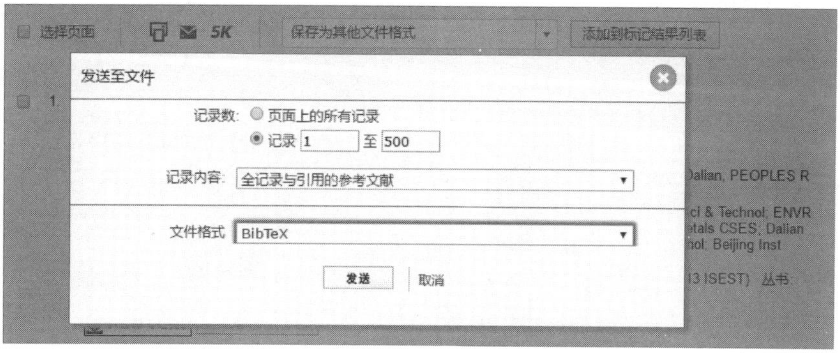

图 5.37　将 WoS 数据下载为 BibTex 格式

结果

从 Web of Science 中共检索得到了 1 044 条论文记录，满足检索条件的记录中包括 2007（276 篇）、2009（441 篇）、2011（175 篇）、2013（118 篇），其中有 34 篇被期刊 CATALYSIS TODAY 检索。当前 2015 年的论文还未被收录，因此仅仅分析了 2007—2013 年的 1 010 篇论文数据（图 5.38）。

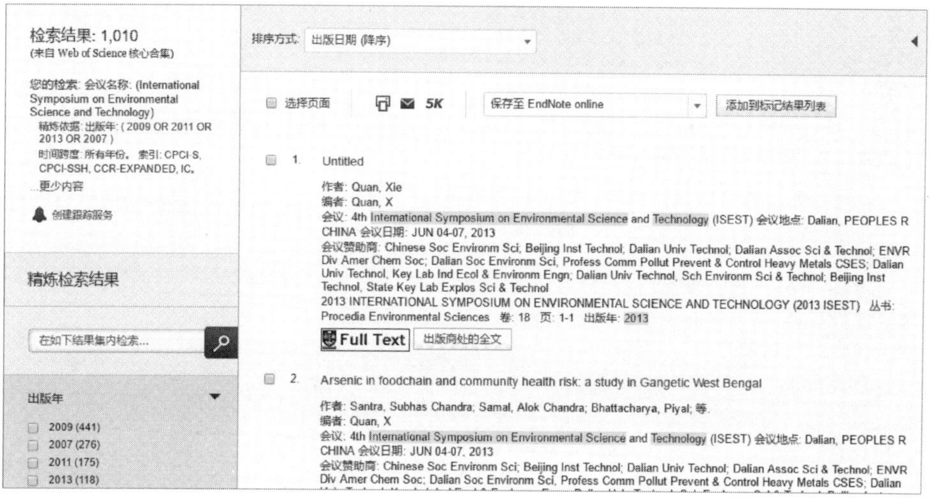

图 5.38　WoS 实际收录的 ISEST 论文

（1）在 R 中读取和加载数据

```
> library(bibliometrix)
##bibliometrix
##A R tool for comprehensive bibliometric analysis of scientific literature
##by Massimo Aria & Corrado Cuccurullo
##http:\\www.bibliometrix.org
> setwd("D:/ISEST")
> D <- readFiles("data1.bib","data2.bib","data3.bib")
> ISEST <- convert2df(D,  dbsource = "isi", format = "bibtex")
##Articles extracted   100
##Articles extracted   200
##Articles extracted   300
##Articles extracted   400
##Articles extracted   500
##Articles extracted   600
##Articles extracted   700
##Articles extracted   800
##Articles extracted   900
##Articles extracted   1000
##Articles extracted   1010
```

（2）描述性统计结果

```
> results <- biblioAnalysis(ISEST,sep = ";")
> summary(results, k = 10, pause = FALSE)
```

Main Information about data

```
Articles                              1010
Sources (Journals, Books, etc.)       0
Keywords Plus (ID)                    1774
Author's Keywords (DE)                3622
Period                                2007-2013
```

```
Average citations per article          0.502


Authors                                2956
Author Appearances                     3927
Authors of single authored articles    43
Authors of multi authored articles     2913


Articles per Author                    0.342
Authors per Article                    2.93
Co-Authors per Articles                3.89
Collaboration Index                    3.06
```

Annual Scientific Production

```
Year    Articles
   2007       276
   2009       441
   2011       175
   2013       118
Annual Percentage Growth Rate -24.66601
```

Most Productive Authors

```
   Authors          Articles  Authors          Articles Fractionalized
1  ZHAOCHAOCHENG,         14  ZHAOCHAOCHENG,                      3.07
2  ZHANG,Y                12  ZHANG,Y                             3.06
3  WANG,Y                 11  WANG,Y                              2.96
4  WANG,J                  9  LIFANXIU,                           2.67
5  WANGLI,                 8  WANG,J                              2.28
6  XIANPING,               7  AGAMUTHU,P                          2.17
7  XIDANLI,                7  FAUZIAH,S                           2.17
8  ZHAOJIANFU,             7  BANDYOPADHYAY,A                     2.00
9  AGAMUTHU,P              6  MICHEL,R                            2.00
10 CHENJIHUA,              6  SEGNER,H                            2.00
```

Top manuscripts per citations

```
                                                              Paper    TC
1  DU Y;GAO B;ZHOU H;JU X;HAO H;YIN S,(2013),NA                        33
2  ZHAO D;ZHANG W;CHEN C;WANG X,(2013),NA                              25
3  HE M;SHI H;ZHAO X;YU Y;QU B,(2013),NA                               19
4   SANTRA S;SAMAL A;BHATTACHARYA P;BANERJEE S;BISWAS A;MAJUMDAR J,
(2013),NA                                                              15
5  LI H;LIU L;YANG F,(2013),NA                                         14
6  FENG Q;ZHANG Z;CHEN Y;LIU L;ZHANG Z;CHEN C,(2013),NA                13
7  XU W;CHEN H;LI D;ZHAO F;YANG Y,(2013),NA                            12
8  GUAN Q;WEI C;NING P;TIAN S;GU J,(2013),NA                           12
9  WANG L;MA W;FANG Y;ZHANG Y;JIA M;LI R;HUANG Y,(2013),NA             10
10 AGAMUTHU P;TAN Y;FAUZIAH S,(2013),NA                                10
   TCperYear
1       8.25
2       6.25
3       4.75
4       3.75
5       3.50
6       3.25
7       3.00
8       3.00
9       2.50
10      2.50
```

Most Productive Countries

```
   Country   Articles   Freq
1   CHINA         711 0.7082
2   INDIA          38 0.0378
3   IRAN           22 0.0219
4   USA            18 0.0179
```

```
5   JAPAN           17 0.0169
6   TAIWAN          17 0.0169
7   POLAND          16 0.0159
8   ENGLAND         14 0.0139
9   TURKEY          13 0.0129
10  THAILAND        11 0.0110
```

Total Citations per Country

```
      Country      Total Citations Average Article Citations
1  CHINA                       380                     0.534
2  MALAYSIA                     24                     2.400
3  INDIA                        20                     0.526
4  POLAND                       14                     0.875
5  USA                          11                     0.611
6  SOUTH AFRICA                 10                    10.000
7  CANADA                        8                     1.000
8  ITALY                         5                     1.000
9  MEXICO                        5                     0.833
10 CZECH REPUBLIC                4                     0.800
Most Relevant Sources
Error in `row.names<-.data.frame`(`*tmp*`, value = 1:kk) :
  'row.names' 的长度不对
```

基于补充关键词的环境科学技术会议主题结构分析过程与可视化结果如图5.39。

```
> CS <- conceptualStructure(ISEST, field="ID", minDegree=5,k.max=5,stemming=FALSE,labelsize=8)
```

对补充关键词进行处理后，进行的关键词结构图分析结果如图 5.40。

```
> CS <- conceptualStructure(ISEST, field="ID_TM", minDegree=5,k.max=5,stemming=TRUE,labelsize=8)
```

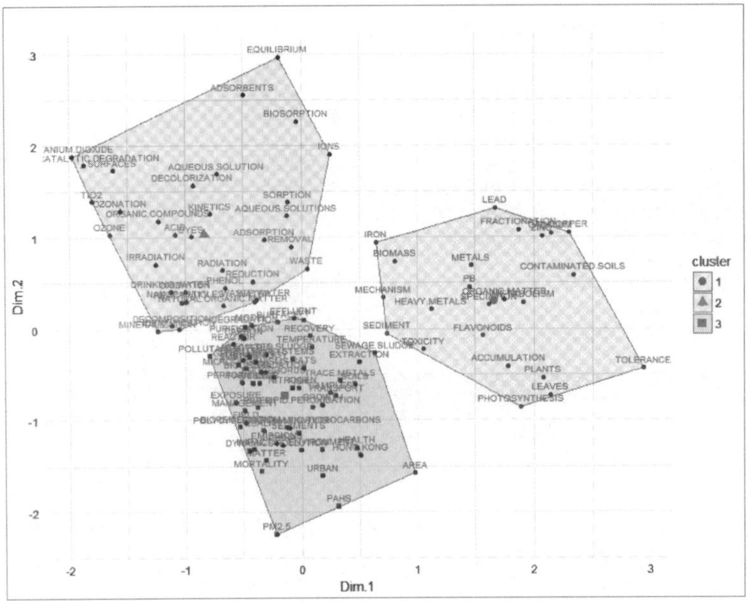

图 5.39　环境科学技术会议关键词结构

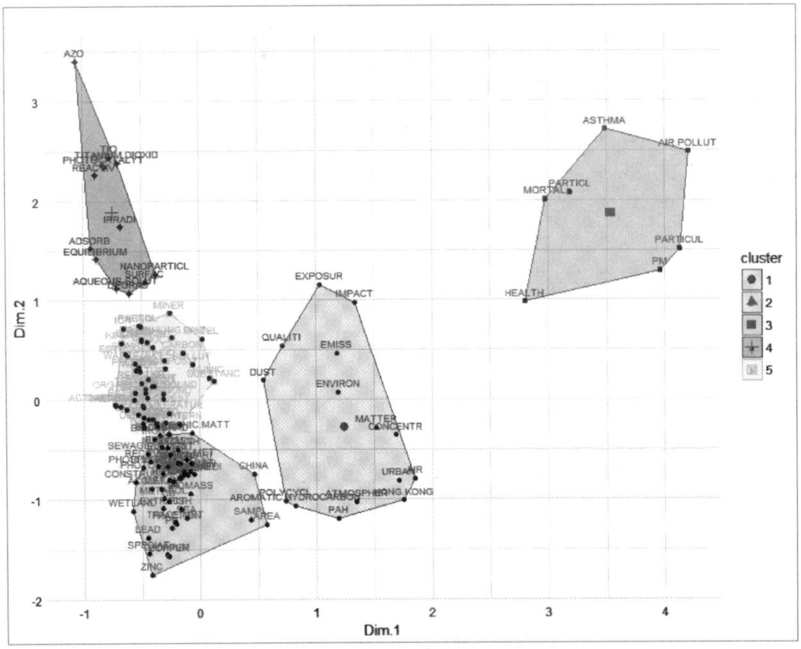

图 5.40　经过词干化处理的关键词结构图

作者关键词的共词分析过程及使用 VOSviewer 进行可视化的结果（如图 5.41）。

```
> NetMatrix <- biblioNetwork(ISEST, analysis = "co-occurrences", network = "author_keywords", sep = ";")
> net=networkPlot(NetMatrix, n = 100,noloops=TRUE,remove.isolates = TRUE,Title = "Keyword Co-occurrences", labelsize=0.5,type = "vosviewer",vos.path="D:/ISEST",size=TRUE)
##Warning message:
##running command 'java -jar D:/ISEST/VOSviewer.jar -pajek_network D:/ISEST/vosnetwork.net' had status 127
```

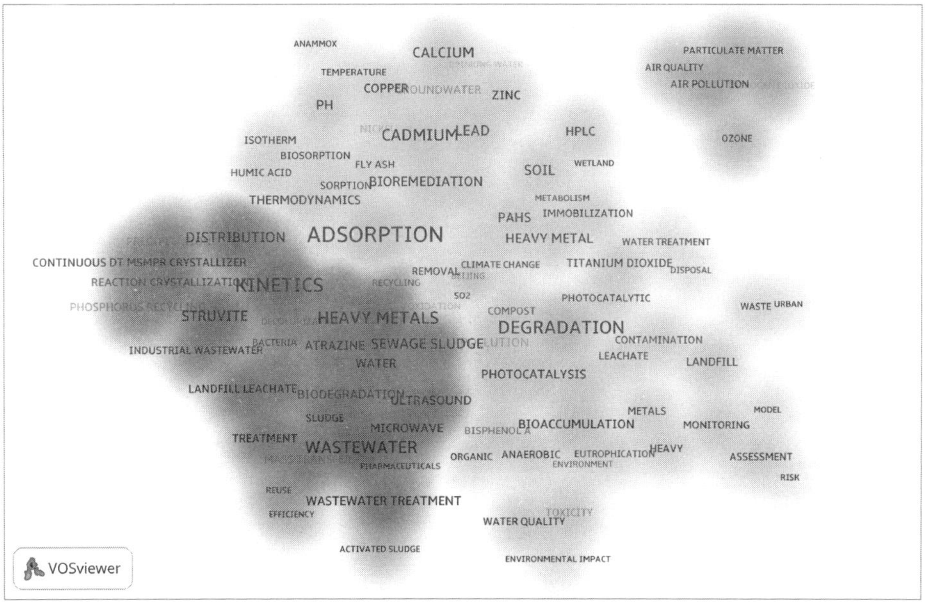

图 5.41　使用 VOSviewer 可视化共词分析结果

对作者的标题进行词干化处理，并进行时序分析的过程与可视化结果（参见图 5.42 和图 5.43）。

```
> remove.terms=c("study")
>ISEST <- termExtraction(ISEST,Field = "TI",remove.numbers=TRUE,remove.terms=remove.terms,verbose=TRUE,stemming=TRUE)
```

```
## 分析的结果
  WATER    SOIL   WASTEWAT  TREATMENT     REMOV   POLLUT     WAST  DEGRAD    MODEL
    121      92         92         81        70       68       63      62       59
PROCESS   METAL     ASSESS      SLUDG    APPLIC    ORGAN    CHINA   HEAVI  ANALYSI
     53      52         49         47        46       46       45      43       42
ENVIRONMENT SYSTEM CHARACTERIST QUALITI CONTAMIN  EFFECT     ACID
     41      41         40         40        38       38       37
>topKW=KeywordGrowth(ISEST, Tag = "TI_TM", sep = ";",top=10, cdf=F)
>topKW
## 分析的结果
  Year WATER SOIL WASTEWAT TREATMENT REMOV POLLUT WAST DEGRAD MODEL PROCESS
1 2007    33   20       30        30    17     19   20     21    17      23
2 2008     0    0        0         0     0      0    0      0     0       0
3 2009    53   39       38        37    33     27   28     16    25      19
4 2010     0    0        0         0     0      0    0      0     0       0
5 2011    24   19       18        12    12     13    8     19     9       8
6 2012     0    0        0         0     0      0    0      0     0       0
7 2013    11   14        6         2     8      9    7      6     8       3
> topKW2 <- topKW[-c(2,4,6),]
> topKW2
## 分析的结果
  Year WATER SOIL WASTEWAT TREATMENT REMOV POLLUT WAST DEGRAD MODEL PROCESS
1 2007    33   20       30        30    17     19   20     21    17      23
3 2009    53   39       38        37    33     27   28     16    25      19
5 2011    24   19       18        12    12     13    8     19     9       8
7 2013    11   14        6         2     8      9    7      6     8       3
> library(reshape2)
> library(ggplot2)
> DF=melt(topKW2, id='Year')
> ggplot(DF,aes(Year,value, group=variable, color=variable))+geom_
line(size=1)+geom_point(size=4,shape=1)
```

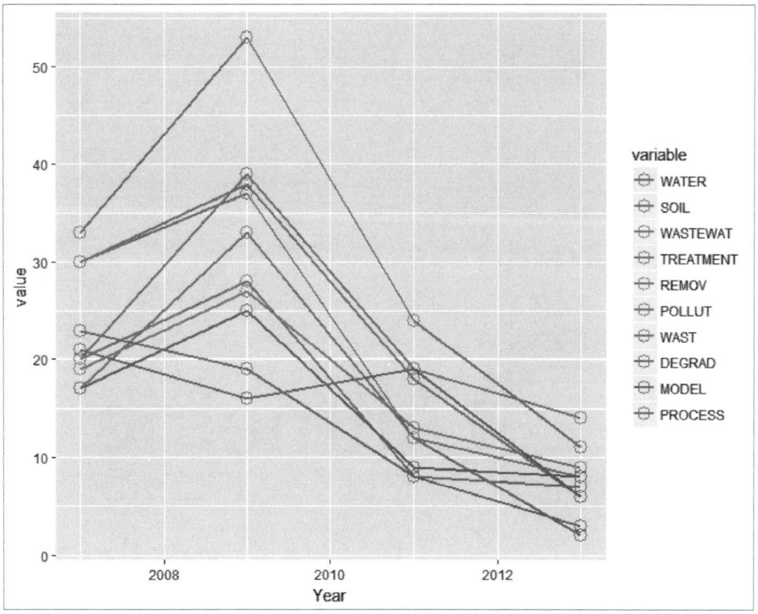

图 5.42　标准化后的关键词时序分布（cdf=F）

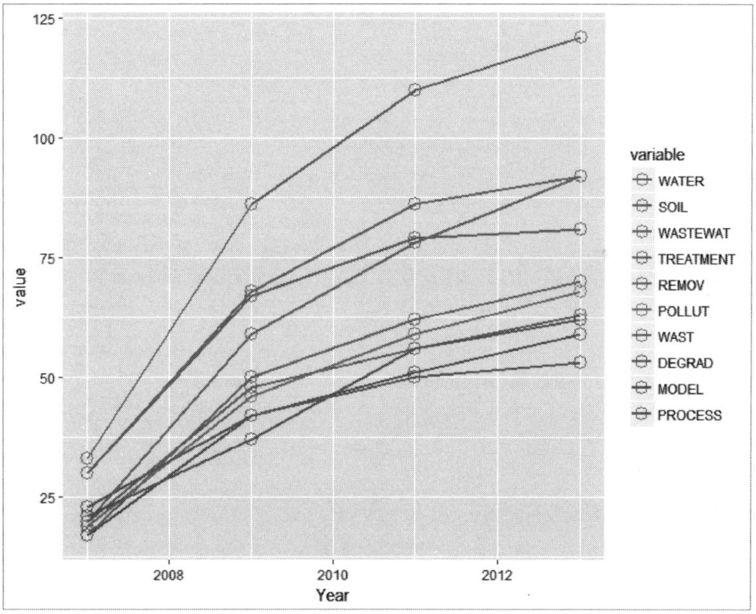

图 5.43　标准化后的关键词累积时序分布（cdf=T）

5.6 特定主题文献的研究

问题

国际补充计量学（Altmetrics❶，如图 5.44）研究的科学计量？

图 5.44 Altmetrics 标志

方法

本案例选择 Scopus 进行数据的采集和分析（图 5.45）。

---

❶ Altmetrics 该词来源于 alternative+metrics，由美国图情专业博士生 Jason Priem 于 2010 年最早使用。补充计量学在国内又被翻译为选择计量学或替代计量学，是继文献计量学、科学计量学以及信息计量学之后的情报学领域的一个新的研究热点。已经有学者对 Altmetrics 以及翻译提出了异议，笔者认为 Altmetrics 所反映的计量是在网络数据开放和可用性提升背景下对论文影响力的计量的整合或综合（当前主要以社媒为主，今后或可整合 WoS，Scopus 以及 CSCD 等更多数据源），可以对应的称为整合计量（integratimetrcis）或综合计量（synthesiMetrics）。

在 R 中提供了 rAltmetric 工具包用于提取或者分析论文的 Altmetric，详见 https://github.com/ropensci/rAltmetric。

该项目的更多 R 软件包及其说明参见：https://ropensci.org/packages/

关于本文的结果的解读，读者可以参考论文：

[1] 赵蓉英，魏绪秋．知识图谱视角下的国内外 Altmetrics 研究比较 [J]. 图书馆论坛,2017(05):74-80.

[2] 李晓军，刘怀亮，杜坤．基于科学知识图谱的替代计量研究进展分析 [J]. 情报理论与实践,2016(05):139-144.

[3] 丁喆．基于网络图谱的 Altmetrics 研究的可视化分析 [J]. 情报探索,2015(12):50-54.

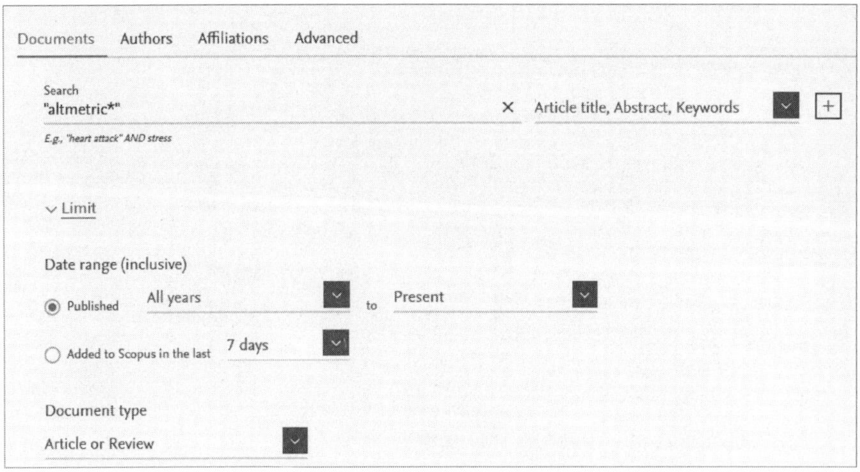

图 5.45　Scopus 补充计量学数据检索设置

结果

从 Scopus 中检索共得到 265 条关于补充计量学研究的论文。可以在 Scopus 的检索结果界面上，对得到的结果使用 Analyze search results 进行描述性统计分析。描述性统计分析的项目包含了 Year（发文的年度分布）、Source（发文的期刊）、Author（作者分布）、Affiliation（机构分布）、Country/Territory（国家或地区分布）、Document type（文献类型）以及 Subject area（研究领域）。例如，使用 Scopus 系统分析的补充计量学研究的机构产出分布如图 5.46。

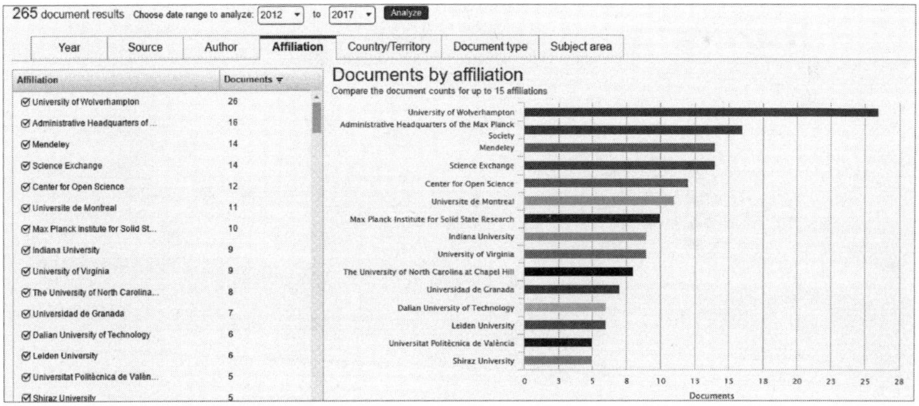

图 5.46　检索结果的描述性统计结果

下面将下载的数据加载到 R 中进行更加深入的分析。

```
> library(bibliometrix)
> setwd("D:/altmetrics")
> D <- readFiles("scopus.bib")
> altmetrics <- convert2df(D,  dbsource = "scopus", format = "bibtex")
##Articles extracted  100
##Articles extracted  200
##Articles extracted  265
```

数据读取和转换后，进行描述性统计分析（这里只关心由 Scopus 系统不能得到的描述性统计结果）。

```
> results <- biblioAnalysis(altmetrics,sep = ";")
> summary(results, k = 10, pause = FALSE)
```

（1）描述性统计的结果

① Most Productive Authors（注：高产作者分布）。

```
   Authors          Articles Authors          Articles Fractionalized
1   THELWALL,M           24   THELWALL,M                       12.53
2   BORNMANN,L           16   BORNMANN,L                       10.83
3   GUNN,W               16   HAUNSCHILD,R                      4.83
4   ERRINGTON,T          14   GUNN,W                            3.33
5   IORNS,E              14   HAUSTEIN,S                        3.02
6   LOMAX,J              14   ORTEGA,J                          3.00
7   TAN,F                14   KOUSHA,K                          2.83
8   PERFITO,N            12   TATTERSALL,A                      2.50
9   HAUNSCHILD,R         10   KONKIEL,S                         2.08
10  HAUSTEIN,S           10   ADIE,E                            2.00
```

② Top manuscripts per citations（注释：高被引论文分布）。

```
                                                    Paper          TC TCperYear
1  THELWALL M;HAUSTEIN S;LARIVIRE V;SUGIMOTO C,(2013),PLOS ONE
                                                                   199      49.8
```

```
    2  ZAHEDI Z;COSTAS R;WOUTERS P,(2014),SCIENTOMETRICS   66      22.0
    3  MOHAMMADI E;THELWALL M,(2014),J. ASSOC. SOC. INF. SCI. TECHNOL.
                                                          61      20.3
    4  BORNMANN L,(2014),J. INF.                          57      19.0
    5  GALLIGAN F;DYAS-CORREIA S,(2013),SER. REV.         53      13.2
    6  PRIEM J;GROTH P;TARABORELLI D,(2012),PLOS ONE      53      10.6
    7  COSTAS R;ZAHEDI Z;WOUTERS P,(2015),J. ASSOC. SOC. INF. SCI. TECH
NOL.                                                      47      23.5
    8  SUD P;THELWALL M,(2014),SCIENTOMETRICS             45      15.0
    9  ADIE E;ROE W,(2013),LEARN. PUBL.                   45      11.2
   10  HOLMBERG K;THELWALL M,(2014),SCIENTOMETRICS        44      14.7
```

③ Most Productive Countries（国家或地区的产出分布）。

```
          Country    Articles      Freq
    1  USA                 62    0.2403
    2  UNITED KINGDOM      48    0.1860
    3  SPAIN               25    0.0969
    4  GERMANY             22    0.0853
    5  CANADA              13    0.0504
    6  CHINA               11    0.0426
    7  IRAN                11    0.0426
    8  ITALY                6    0.0233
    9  NETHERLANDS          6    0.0233
   10  BRAZIL               5    0.0194
```

④ Total Citations per Country（国家或地区的引证分布）。

```
       Country       Total Citations  Average Article Citations
    1  UNITED KINGDOM            767                      15.98
    2  USA                       178                       2.87
    3  GERMANY                   175                       7.95
    4  SPAIN                     158                       6.32
    5  NETHERLANDS               138                      23.00
```

```
6  CANADA                  84                    6.46
7  SWEDEN                  40                   40.00
8  CHINA                   32                    2.91
9  IRAN                    17                    1.55
10 TAIWAN                  17                    5.67
```

⑤ Most Relevant Sources（发表的期刊分布）。

```
                                             Sources        Articles
1  SCIENTOMETRICS                                                 38
2  ELIFE                                                          15
3  JOURNAL OF INFORMETRICS                                        15
4  JOURNAL OF THE ASSOCIATION FOR INFORMATION SCIENCE AND TECHNOLO
GY                                                                12
5  PROFESIONAL DE LA INFORMACION                                  12
6  ONLINE INFORMATION REVIEW                                       9
7  ASLIB JOURNAL OF INFORMATION MANAGEMENT                         8
8  PERFORMANCE MEASUREMENT AND METRICS                             8
9  PLOS ONE                                                        8
10 IRANIAN JOURNAL OF INFORMATION PROCESSING MANAGEMENT            6
```

⑥ Most Relevant Keywords（高频关键词分布）。

```
   Author Keywords (DE)     Articles Keywords-Plus (ID)      Articles
1    ALTMETRICS                  170  HUMAN                        51
2    BIBLIOMETRICS                44  SOCIAL MEDIA                 42
3    SOCIAL MEDIA                 30  BIBLIOMETRICS                29
4    TWITTER                      20  ARTICLE                      23
5    SCIENTOMETRICS               19  PUBLICATION                  22
6    MENDELEY                     18  PUBLISHING                   21
7    SCHOLARLY COMMUNICATION      18  ALTMETRICS                   17
8    RESEARCH EVALUATION          17  JOURNAL IMPACT FACTOR        17
9    CITATION ANALYSIS            16  HUMANS                       16
10   IMPACT FACTOR                15  CONTROLLED STUDY             14
```

描述性统计结果的可视化分析（如图 5.47、图 5.48）。

```
> plot(results, k = 10, pause = TRUE)
```

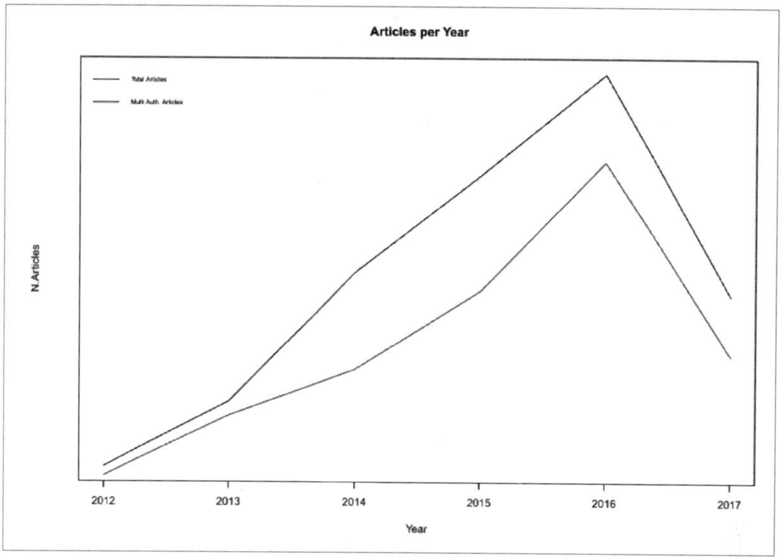

图 5.47　补充计量学研究的趋势

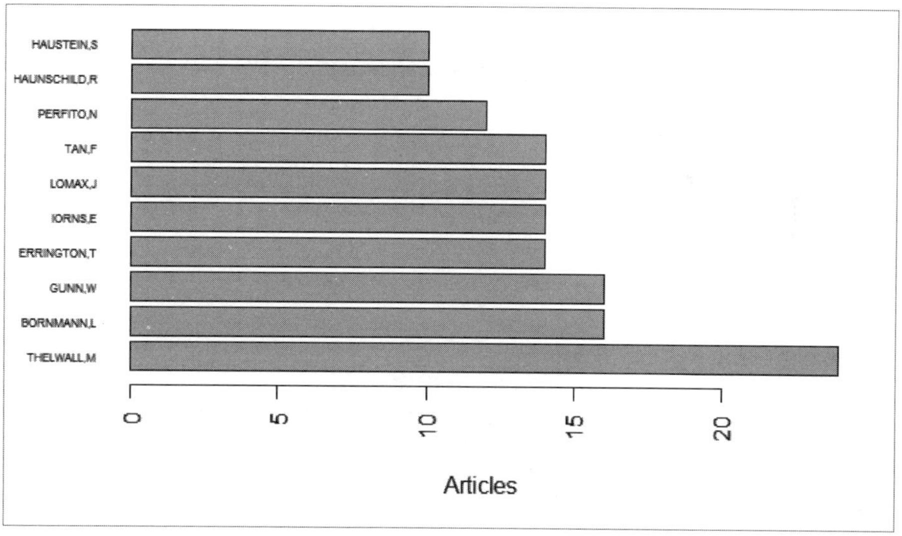

图 5.48　高产作者的分布

（2）作者的影响力分析

```
>DF=dominance(results)
>DF
## 分析的结果
                Dominance   Multi      First      Rank by    Rank by
                Factor      Authored   Authored   Articles   DF
THELWALL,M      0.4166667   24         10         1          3
BORNMANN,L      0.5         16         8          2          2
HAUSTEIN,S      0.4         10         4          4          4
HAUNSCHILD,R    0.2         10         2          3          8
KOUSHA,K        0.1428571   7          1          5          10
PETERS,I        0.3333333   6          2          6          7
MOHAMMADI,E     0.8         5          4          10         1
COSTAS,R        0.4         5          2          7          5
HOLMBERG,K      0.4         5          2          8          6
KONKIEL,S       0.2         5          1          9          9
```

使用 Lotka 函数对作者生产率的分析过程与可视化结果（见图 5.49）。

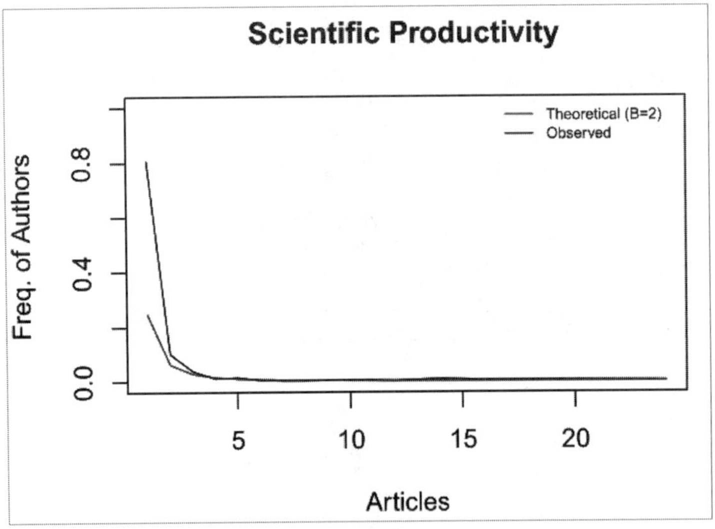

图 5.49　作者生产率的分布

```
> L=lotka(results)
> L
##$Beta
##[1] 1.763945
##$C
##[1] 0.247283
##$R2
##[1] 0.7668234
##$fitted
           1            2            3            4            5            6
0.2472830318 0.0728104986 0.0356105544 0.0214384653 0.0144627132 0.0104852411
           7            8            9           10           11           12
0.0079889183 0.0063123836 0.0042584295 0.0030872949 0.0023522727 0.0018586305
          13
0.0009090291

##$p.value
##[1] 0.5696132
##$AuthorProd
   N.Articles N.Authors          Freq
1           1       386   0.807531381
2           2        48   0.100418410
3           3        18   0.037656904
4           4         5   0.010460251
5           5         7   0.014644351
6           6         2   0.004184100
7           7         1   0.002092050
8           8         1   0.002092050
9          10         2   0.004184100
10         12         1   0.002092050
```

```
11          14          4         0.008368201
12          16          2         0.004184100
13          24          1         0.002092050
> Observed=L$AuthorProd[,3]
> Theoretical=10^(log10(L$C)-2*log10(L$AuthorProd[,1]))
> plot(L$AuthorProd[,1],Theoretical,type="l",col="red",ylim=c(0, 1),
xlab="Articles",ylab="Freq. of Authors",main="Scientific Productivity")
> lines(L$AuthorProd[,1],Observed,col="blue")
> legend(x="topright",c("Theoretical (B=2)","Observed"),col=c("red",
"blue"),lty = c(1,1,1),cex=0.6,bty="n")
```

作者发表论文的时序累积分布分析过程与可视化结果（图 5.50）。

```
> topKW=KeywordGrowth(altmetrics, Tag = "AU", sep =
";",top=10,cdf=TRUE)
> library(reshape2)
> library(ggplot2)
> DF=melt(topKW, id='Year')
> ggplot(DF,aes(Year,value, group=variable, color=variable))+geom_
line(size=1)
```

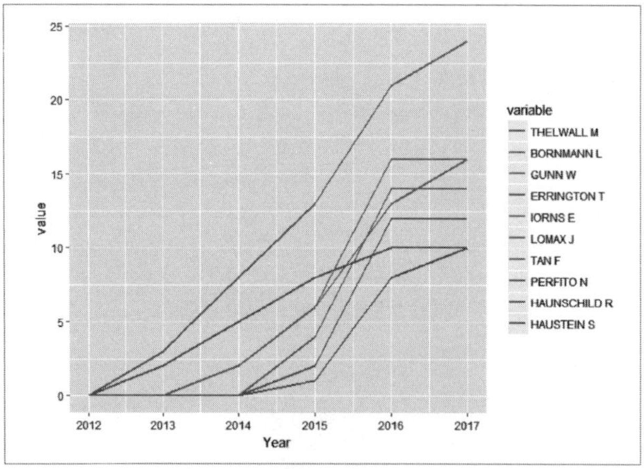

图 5.50　补充计量研究的作者论文累累积分布

补充关键词的时序分布分析过程与可视化结果（图 5.51，图 5.52）。

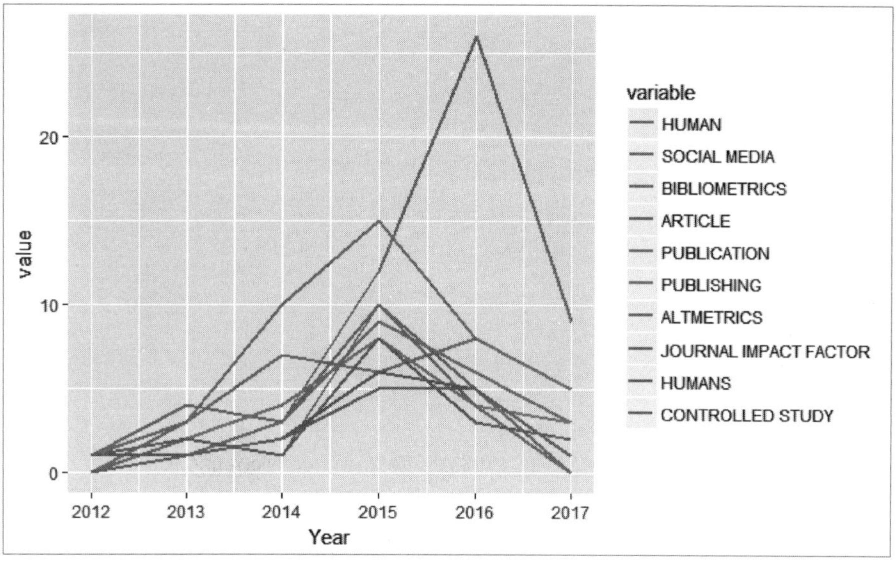

图 5.51 补充关键词的时序分布（cdf=FALSE）

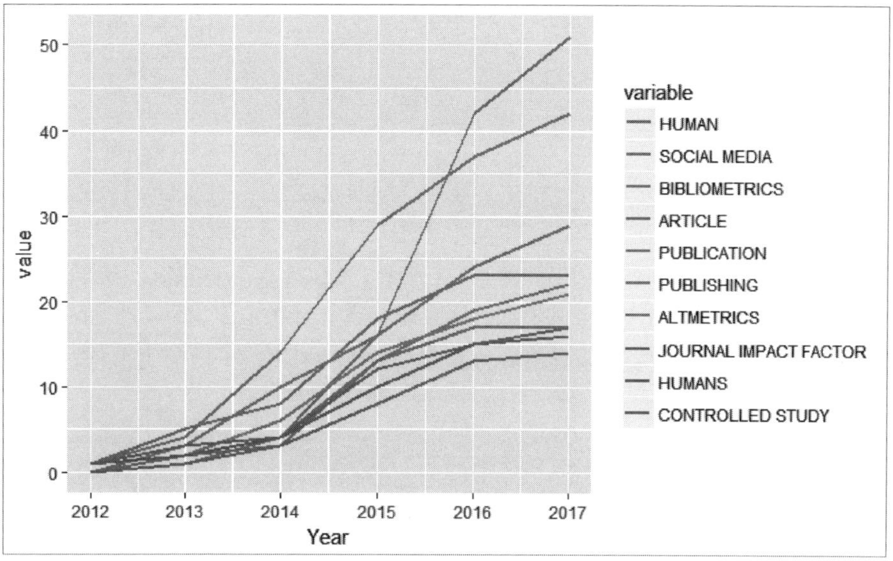

图 5.52 补充关键词的词频年度累积论文量（cdf=TRUE，计算累积量）

```
> topKW=KeywordGrowth(altmetrics, Tag = "ID",  sep = ";", top=10,
cdf=FALSE)
> topKW
## 分析的结果
  Year HUMAN SOCIAL MEDIA BIBLIOMETRICS ARTICLE PUBLICATION PUBLISHING
1 2012     0            1             0       1           0          0
2 2013     1            3             3       4           1          2
3 2014     3           10             7       3           3          4
4 2015    12           15             6      10           9          8
5 2016    26            8             8       5           6          4
6 2017     9            5             5       0           3          3
  ALTMETRICS JOURNAL IMPACT FACTOR HUMANS CONTROLLED STUDY
1          0                     1      1                0
2          2                     2      1                1
3          1                     1      2                2
4         10                     8      6                5
5          4                     3      5                5
6          0                     2      1                1
> library(reshape2)
> library(ggplot2)
> DF=melt(topKW, id='Year')
> ggplot(DF,aes(Year, value, group=variable, color=variable))+geom_
line(size=1)
```

类似地，可以得到作者关键词的时序分布和累积分布（图 5.53，图 5.54）。

作者关键词的结构图（采用不同的共现阈值），结果如图 5.55，图 5.56，图 5.57 和图 5.58。

```
> CS <- conceptualStructure(altmetrics, field="DE",minDegree=2,k.max=5,
stemming=FALSE,labelsize=5)
```

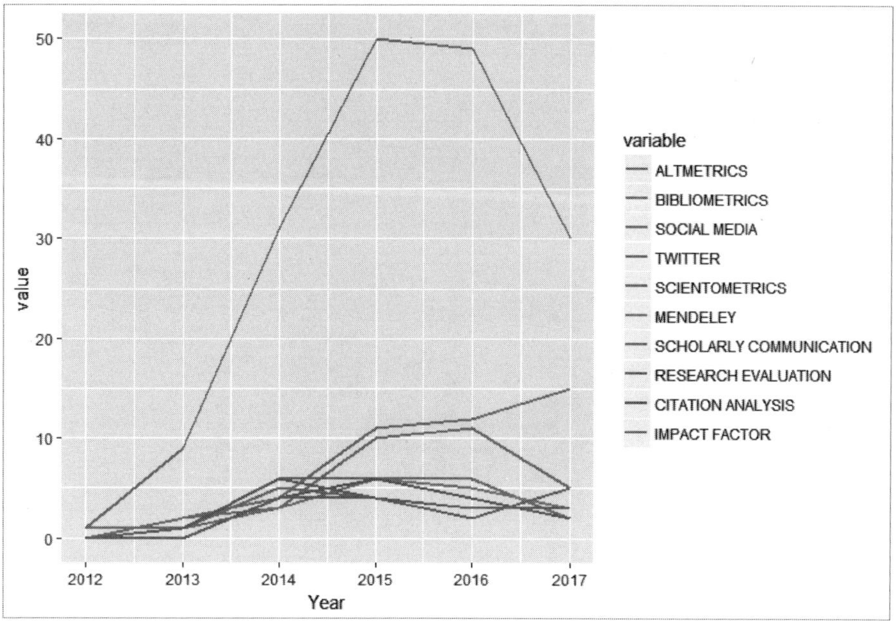

图 5.53　作者关键词的时序分布（cdf=FALSE）

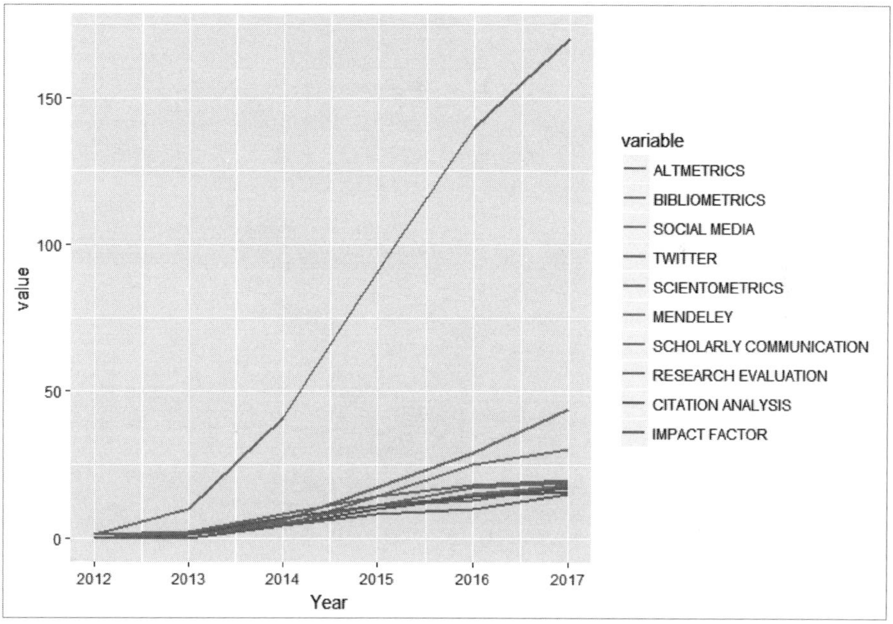

图 5.54　作者关键词的词频年度累积论文量（cdf=TRUE，计算累积量）

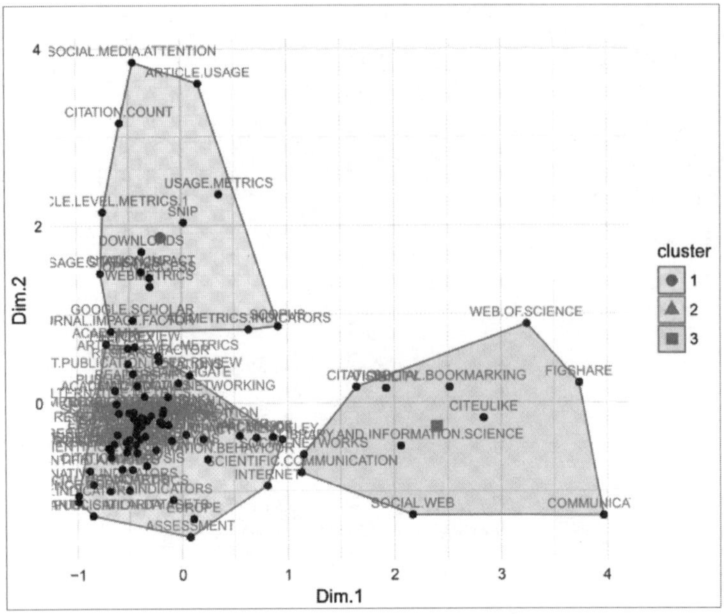

图 5.55 作者关键词的结构图（minDegree=2）

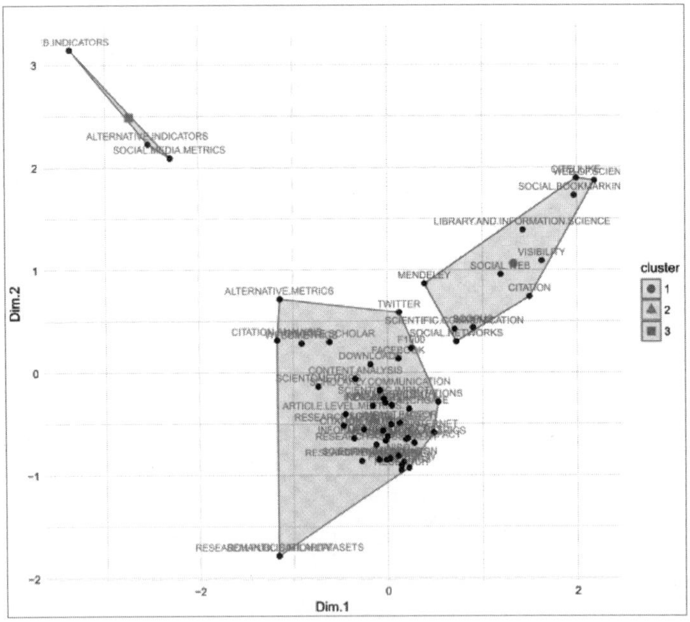

图 5.56 作者关键词的结构图（minDegree=3）

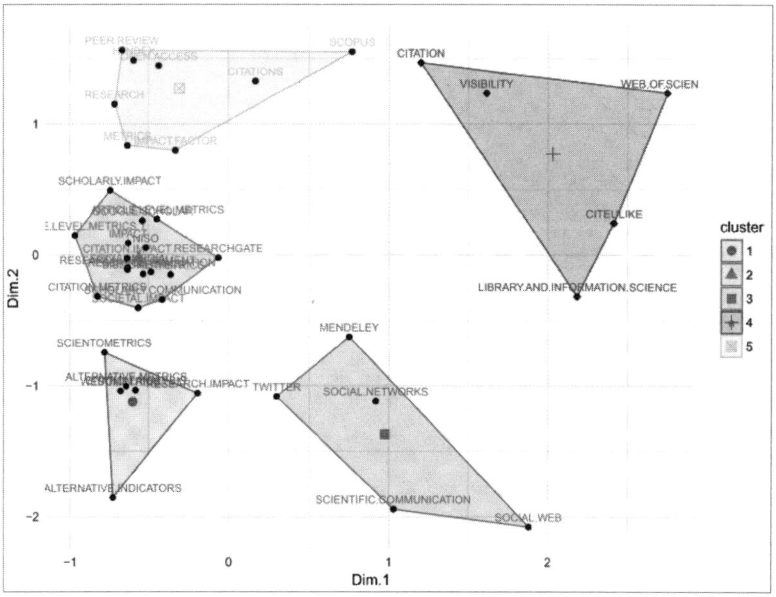

图 5.57　作者关键词的结构图（minDegree=4）

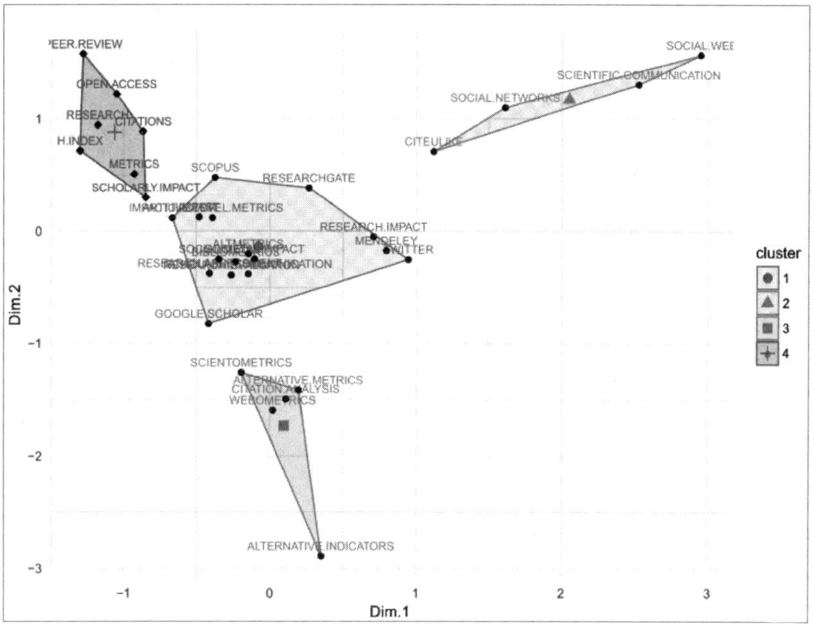

图 5.58　作者关键词的结构图（minDegree=5）

（3）关键词共词网络的 VOSviewer 可视化

①作者关键词的共词图谱分析过程与可视化结果（图 5.59）。

```
> NetMatrix <- biblioNetwork(altmetrics, analysis = "co-occurrences", network = "author_keywords", sep = ";")
> net=networkPlot(NetMatrix, n = 100,labelsize = 0.5, Title = "Keyword Co-occurrences", vos.path = "D:/altmetrics", type = "vosviewer", size=T, remove.multiple=T)
##Warning message:
##running command 'java -jar D:/altmetrics/VOSviewer.jar -pajek_network D:/altmetrics/vosnetwork.net' had status 127
```

运行上面代码后，会在 Altmetrics 文件夹中产生一个名称为 vosnetwork.net 文件。该 vosnetwork.net 文件可以在 VOSviewer 进行分析和可视化。

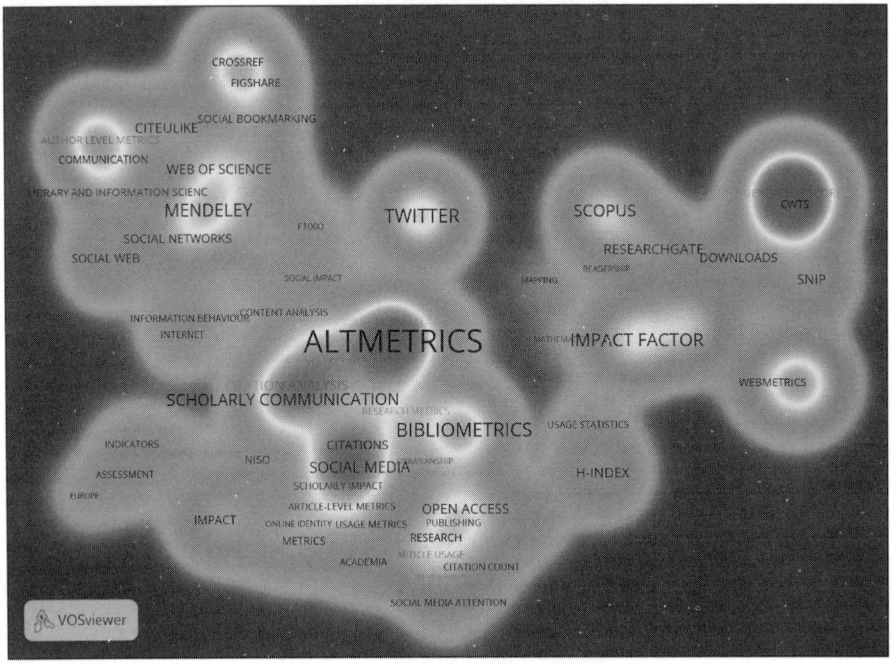

图 5.59　VOSviewer 中对作者关键词网络的可视化（密度图）

②补充关键词共现分析过程与可视化结果（图 5.60）。

```
> NetMatrix <- biblioNetwork(altmetrics, analysis = "co-occurrences", network = "keywords", sep = ";")
> net=networkPlot(NetMatrix, n =200,labelsize = 0.5, Title = "Keyword Co-occurrences", vos.path = "D:/altmetrics", type = "vosviewer", size=T, remove.multiple=T)
##Warning message:
##running command 'java -jar D:/altmetrics/VOSviewer.jar -pajek_network D:/altmetrics/vosnetwork.net' had status 127
```

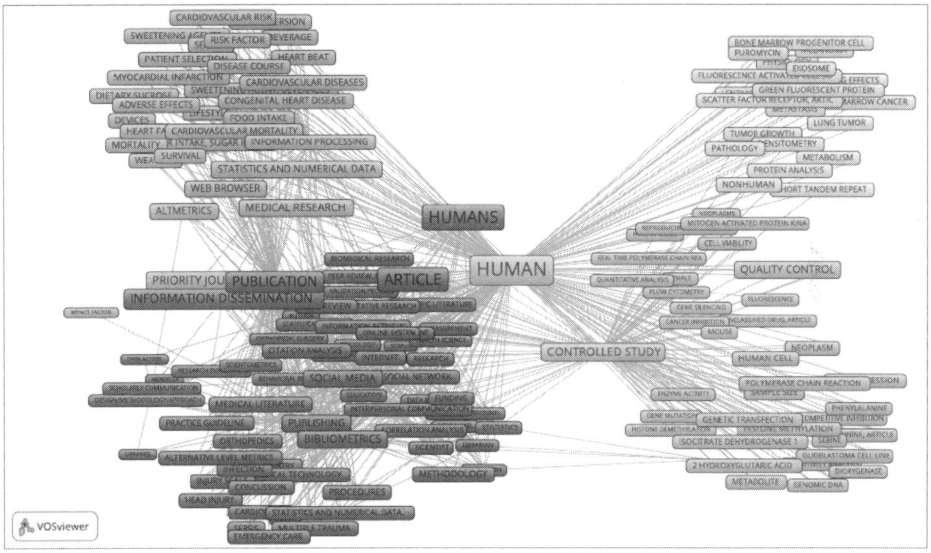

图 5.60　VOSviewer 中对补充关键词网络的可视化（网络图）

5.7 特定方法文献的研究

问题

对 PageRank 算法的应用现状进行分析。

方法

在 Web of Science 采集主题关于 PageRank 的论文（图 5.61），使用 R 工具包进行分析。

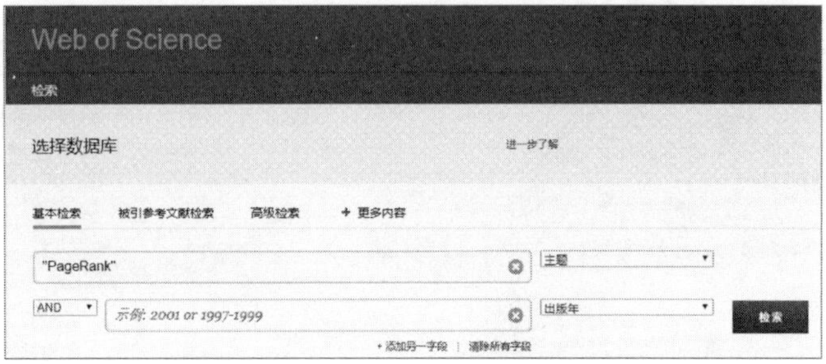

图 5.61 PageRank 数据的获取

结果

共从 Web of Science 中检索到 1 690 篇关于主题 "PageRank" 的学术论文。

关于 PageRank 数据的加载和转换。

```
> library(bibliometrix)
> setwd("D:/PageRank")
> D <- readFiles("data1.bib","data2.bib","data3.bib","data4.bib")
> PageRank <- isibib2df(D)
Articles extracted   100
Articles extracted   200
Articles extracted   300
Articles extracted   400
Articles extracted   500
Articles extracted   600
```

```
Articles extracted   700
Articles extracted   800
Articles extracted   900
Articles extracted   1000
Articles extracted   1100
Articles extracted   1200
Articles extracted   1300
Articles extracted   1400
Articles extracted   1500
Articles extracted   1600
Articles extracted   1690
```

PageRank 算法使用的整体分布是怎样的？（数据整体分布、数据时间分布、谁在使用 PageRank 等）

```
>results <- biblioAnalysis(PageRank, sep = ";")
>S=summary(object = results, k = 10, pause = FALSE)
Main Information about data
 Articles                               1690
 Sources (Journals, Books, etc.)        323
 Keywords Plus (ID)                     1335
 Author's Keywords (DE)                 3132
 Period                                 1998—2017
 Average citations per article          9.376

 Authors                                3251
 Author Appearances                     5380
 Authors of single authored articles    69
 Authors of multi authored articles     3182

 Articles per Author                    0.52
 Authors per Article                    1.92
```

```
 Co-Authors per Articles                  3.18
 Collaboration Index                      2.06
 Annual Scientific Production
 Year    Articles
1998         1
1999         2
2000         1
2001         2
2002         8
2003        21
2004        31
2005        45
2006        65
2007        90
2008        89
2009       110
2010       109
2011       102
2012       122
2013       146
2014       206
2015       220
2016       243
2017        77

Annual Percentage Growth Rate 25.6866
Most Productive Authors
   Authors         Articles Authors         Articles Fractionalized
1  SHEPELYANSKY,D        27 SHEPELYANSKY,D                    11.08
2  WANG,Y                26 DING,Y                             7.43
3  ZHANG,Y               24 WANG,Y                             7.06
4  WANG,J                20 TEMPO,R                            6.67
5  LI,Z                  18 ZHANG,Y                            6.64
```

```
   6  TEMPO,R              18 WANG,J                          5.97
   7  ZHANG,X              18 ISHII,H                         5.83
   8  DING,Y               16 WU,G                            5.75
   9  ISHII,H              15 YAN,E                           5.75
   10 LI,X                 15 CHUNG,F                         5.50
   Top manuscripts per citations
                                          Paper
   1  BRIN S;PAGE L,(1998),COMPUT. NETW. ISDN SYST.
   2  WU X;KUMAR V;QUINLAN J;GHOSH J;YANG Q;MOTODA H;MCLACHLAN G;NG
A;LIU B;YU P;ZHOU Z;STEINBACH M;HAND D;STEINBERG D,(2008),KNOWL. INF.
SYST.
   3  CHEN J;BARDES E;ARONOW B;JEGGA A,(2009),NUCLEIC ACIDS RES.
   4  HAVELIWALA T,(2003),IEEE TRANS. KNOWL. DATA ENG.
   5  LIU X;BOLLEN J;NELSON M;VANDESOMPEL H,(2005),INF. PROCESS.
MANAGE.
   6  LIU J;LUO J;SHAH M,(2009),NA
   7  LEE I;BLOM U;WANG P;SHIM J;MARCOTTE E,(2011),GENOME RES.
   8  BOLLEN J;RODRIGUEZ M;VANDESOMPEL H,(2006),SCIENTOMETRICS
   9  TONG H;FALOUTSOS C;PAN J,(2006),NA
   10 SINGH R;XU J;BERGER B,(2008),PROC. NATL. ACAD. SCI. U. S. A.
        TC TCperYear
   1  2798     147.3
   2   994     110.4
   3   463      57.9
   4   243      17.4
   5   231      19.2
   6   230      28.8
   7   220      36.7
   8   188      17.1
   9   164      14.9
   10  162      18.0
```

```
Most Productive Countries

   Country   Articles   Freq
1    CHINA        477 0.2844
2    USA          316 0.1884
3    JAPAN         70 0.0417
4    ITALY         68 0.0405
5    INDIA         62 0.0370
6    GERMANY       54 0.0322
7    SPAIN         54 0.0322
8    FRANCE        51 0.0304
9    KOREA         43 0.0256
10   CANADA        40 0.0239

Total Citations per Country


      Country      Total Citations Average Article Citations
1  USA                        9399                    29.744
2  CHINA                      1446                     3.031
3  ITALY                       707                    10.397
4  GERMANY                     430                     7.963
5  KOREA                       378                     8.791
6  JAPAN                       340                     4.857
7  FRANCE                      304                     5.961
8  CANADA                      301                     7.525
9  SPAIN                       243                     4.500
10 AUSTRALIA                   209                     6.967


Most Relevant Sources

                       Sources        Articles
1  PLOS ONE       34
2  SCIENTOMETRICS      33
```

```
    3  PHYSICA A-STATISTICAL MECHANICS AND ITS APPLICATIONS        22
    4  INFORMATION PROCESSING \\& MANAGEMENT              19
    5  JOURNAL OF INFORMETRICS                 19
    6  JOURNAL OF COMPUTATIONAL AND APPLIED MATHEMATICS           18
    7  JOURNAL OF THE AMERICAN SOCIETY FOR INFORMATION SCIENCE AND
TECHNOLOGY    18
    8  PHYSICAL REVIEW E        17
    9  IEEE TRANSACTIONS ON KNOWLEDGE AND DATA ENGINEERING       15
    10 SCIENTIFIC REPORTS       13
    Most Relevant Keywords
       Author Keywords (DE)   Articles Keywords-Plus (ID)      Articles
    1       PAGERANK                 470       PAGERANK                 134
    2       RANKING                   58       NETWORKS                 108
    3       INFORMATION RETRIEVAL     40       WEB                       97
    4       LINK ANALYSIS             40       ALGORITHM                 72
    5       PAGERANK ALGORITHM        40       COMPLEX NETWORKS          65
    6       SOCIAL NETWORKS           35       CENTRALITY                57
    7       SOCIAL NETWORK            30       SYSTEMS                   49
    8       ALGORITHMS                29       COMPUTATION               41
    9       SEARCH ENGINES            29       SEARCH                    40
    10      HITS                      25       MODEL                     32
```

补充关键词相关图分析过程与可视化结果（图 5.62）。

```
    > library(OpenMx)
    > NetMatrix <- biblioNetwork(PageRank, analysis = "co-occurrences",
network = "keywords", sep = ";")
    > NetMatrix_dataframe=as.data.frame.matrix(NetMatrix)
    > diagonal_number=as.data.frame(diag2vec(NetMatrix_dataframe))
    > new_matrix=cbind(NetMatrix_dataframe,diagonal_number)
    > new_matrix_filtering=subset(new_matrix,new_matrix[,dim(new_matrix)
[2]]>=25)
```

```
> new_matrix_filtering_t=t(new_matrix_filtering[,-dim(new_matrix_filtering)[2]])
> new_matrix_filtering_t_cbind=cbind(new_matrix_filtering_t,diagonal_number)
> new_matrix_filtering_t_cbind_select=subset(new_matrix_filtering_t_cbind,new_matrix_filtering_t_cbind[,dim(new_matrix_filtering_t_cbind)[2]]>=25)
> matrix_final=new_matrix_filtering_t_cbind_select[,-dim(new_matrix_filtering_t_cbind_select)[2]]
> write.csv(matrix_final,file="matrix_final.csv")
> M <- cor(matrix_final)
> library(corrplot)
> corrplot(M,diag=FALSE,order="hclust",addrect =3, rect.lwd = 2,rect.col = "black",tl.cex = 0.8,tl.col = "black")
```

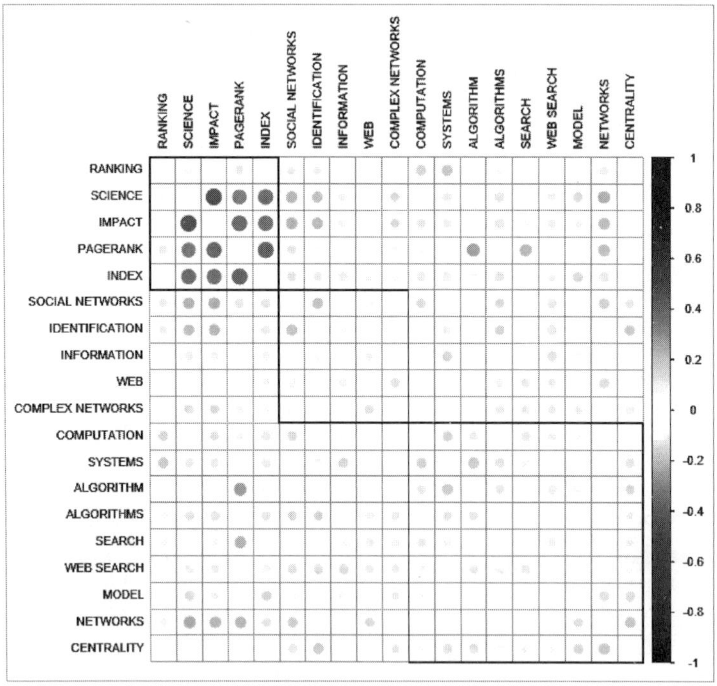

图 5.62　PageRank 主题相关图

主题结构分布的分析过程与可视化结果（图 5.63）。

```
> CS <- conceptualStructure(PageRank,field="DE",minDegree=15,
k.max=5, labelsize=10)
```

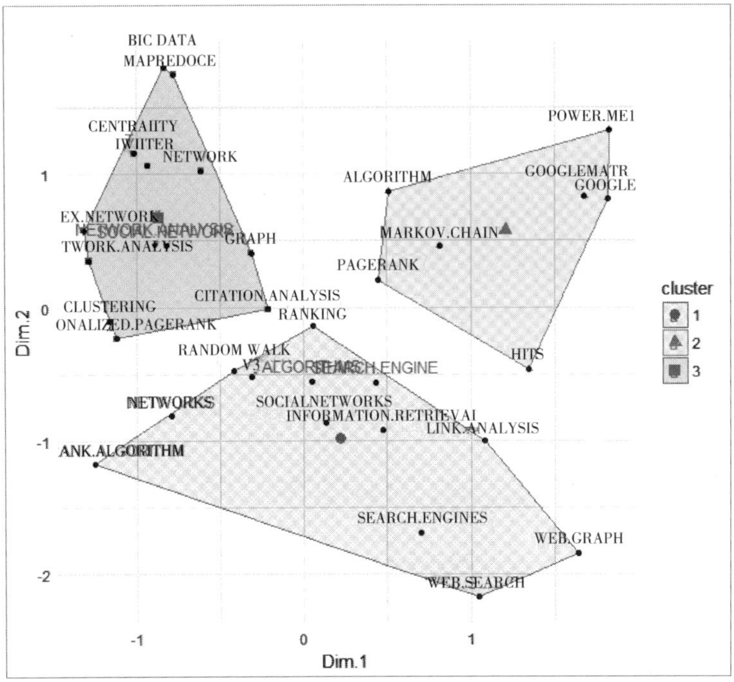

图 5.63　PageRank 术语的结构

主题的演化分析过程及可视化结果（图 5.64）。

```
> years=c(2007)
> list_df=timeslice(PageRank, breaks = years)

> M1=list_df[[1]]
> M2=list_df[[2]]

> NetMatrix1 <- biblioNetwork(M1, analysis = "co-occurrences",network =
"author_keywords", sep = ";")
```

```
> S1 <- normalizeSimilarity(NetMatrix1, type = "association")
> net1 <- networkPlot(S1, n = 100,Title = "co-occurrence net
work",type="fruchterman",labelsize = 0.7, halo = FALSE, cluster =
"walktrap",remove.isolates=TRUE,remove.multiple=FALSE, noloops=TRUE,
weighted=TRUE)
> res1 <- thematicMap(net1, NetMatrix1, S1)

> NetMatrix2 <- biblioNetwork(M2, analysis = "co-occurrences",network =
"author_keywords", sep = ";")
> S2 <- normalizeSimilarity(NetMatrix2, type = "association")
> net2 <- networkPlot(S2, n = 100, Title = "co-occurrence net
work",type="fruchterman",labelsize = 0.7, halo = FALSE, cluster =
"walktrap",remove.isolates=TRUE,remove.multiple=FALSE, noloops=TRUE,
weighted=TRUE)
> res2 <- thematicMap(net2, NetMatrix2, S2)

> nexus <- thematicEvolution(res1,res2,weighted=FALSE)
```

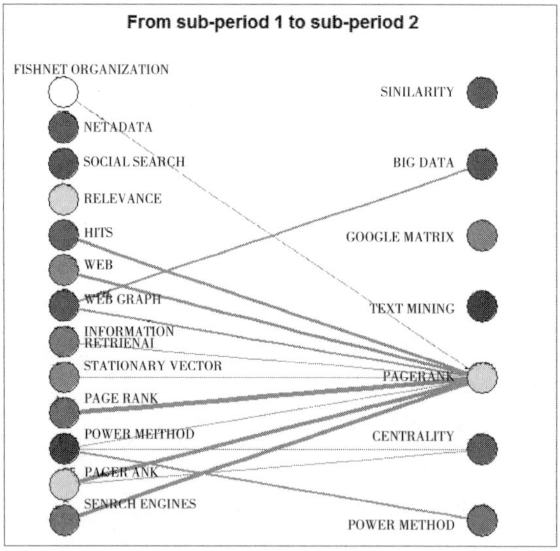

图 5.64　PageRank 主题演化

PageRank 的历史引证网络的分析过程和可视化结果（图 5.65）。

```
> histResults <- histNetwork(PageRank, n = 30, sep = ".  ")

> net <- histPlot(histResults, size = FALSE,labelsize = 1)

 Legend

                                                                    Paper Year LCS

1976 - 1                       PINSKI G 1976 INFORM PROCESS MANAG  1976  49

1977 - 2                                FREEMAN LC 1977 SOCIOMETRY  1977  41

1979 - 3                              FREEMAN LC 1979 SOC NETWORKS  1979  44

1996 - 4                         GOLUB G. 1996 MATRIX COMPUTATIONS 1996  64

1998 - 5                         BRIN S 1998 COMPUT NETWORKS ISDN  1998 479

1998 - 6                             PAGE L. 1998 TECHNICAL REPORT 1998 479

1998 - 7                         PAGE L. 1998 PAGERANK CITATION RA 1998 479

1999 - 8                                 KLEINBERG JM 1999 J ACM  1999 237

1999 - 9                         PAGE L. 1999 PAGERANK CITATION RA 1999 237

1999 - 10                            PAGE L. 1999 TECHNICAL REPORT 1999 237

1999 - 11                              BARABASI AL 1999 SCIENCE  1999 237

1999 - 12              HAVELIWALA T. H. 1999 EFFICIENT COMPUTATIO 1999 237

2002 - 13                               ALBERT R 2002 REV MOD PHYS  2002  47

2003 - 14                                 NEWMAN MEJ 2003 SIAM REV  2003  41

2003 - 15                  HAVELIWALA TH 2003 IEEE T KNOWL DATA EN  2003  41

2003 - 16                    KAMVAR S. D. 2003 EXPLOITING BLOCK STR 2003  41

2003 - 17                           BLEI DM 2003 J MACH LEARN RES  2003  41

2004 - 18                        KAMVAR S 2004 LINEAR ALGEBRA APPL  2004  49

2004 - 19                          LANGVILLE A. 2004 INTERNET MATH  2004  49

2005 - 20                             BERKHIN P 2005 INTERNET MATH  2005  67

2005 - 21                               LANGVILLE AN 2005 SIAM REV  2005  67

2005 - 22                        LANGVILLE A.N. 2005 INTERNET MATH  2005  67

2005 - 23                       HIRSCH JE 2005 P NATL ACAD SCI USA  2005  67

2005 - 24 BIANCHINI M. 2005 ACM TRANSACTIONS ON INTERNET TECHNOLOGY  2005  67

2006 - 25                                    GOLUB GH 2006 BIT  2006  39
```

2006 - 26	LANGVILLE A. N. 2006 GOOGLES PAGERANK SCI	2006	39
2006 - 27	BOLLEN J 2006 SCIENTOMETRICS	2006	39
2007 - 28	CHEN P 2007 J INFORMETR	2007	93
2007 - 29	AVRACHENKOV K 2007 SIAM J NUMER ANAL	2007	93
2008 - 30	MA N 2008 INFORM PROCESS MANAG	2008	50
2009 - 31	DING Y 2009 J AM SOC INF SCI TEC	2009	44

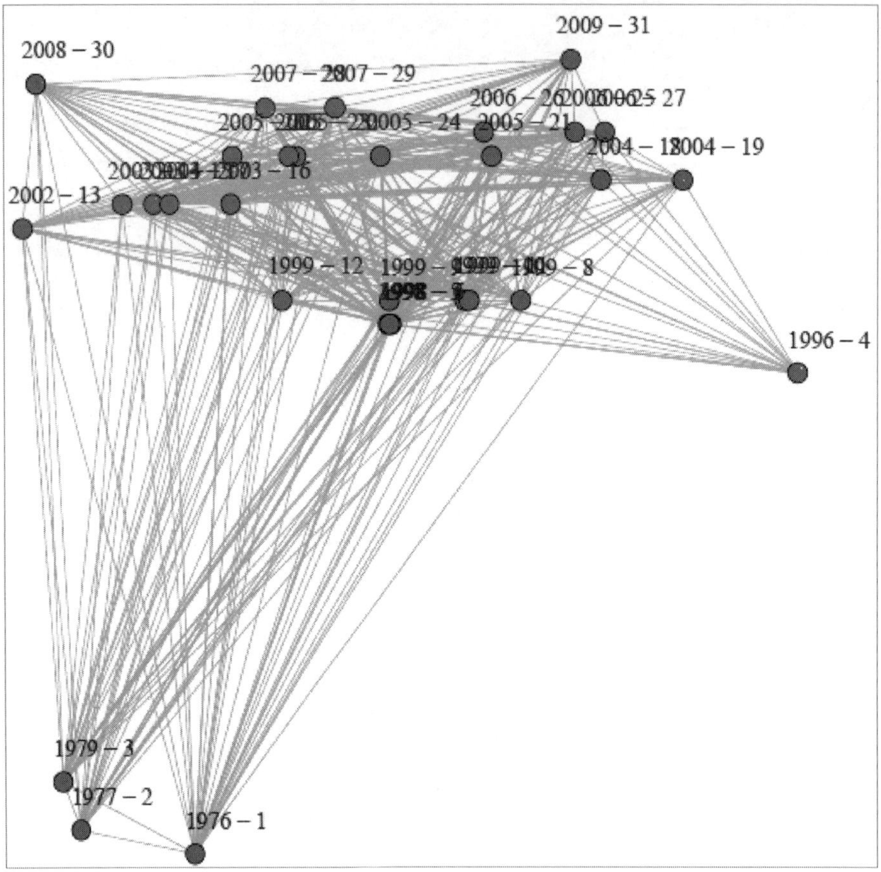

图 5.65　PageRank 引证网络

参考文献

[1] Cobo M J, López-Herrera A G, Herrera-Viedma E, et al. An approach for detecting, quantifying, and visualizing the evolution of a research field: A practical application to the Fuzzy Sets Theory field [J]. Journal of Informetrics, 2011, 5(1):146-166.

[2] Damiano Fantini (2017). EasyPubMed: Search and Retrieve Scientific Publication Records from PubMed. R package version 2.3. https://CRAN.R-project.org/package=easyPubMed

[3] Felix Yanhui Fan (2017). PubMedWordcloud: 'Pubmed' Word Clouds. R package version 0.3.4.https://CRAN.R-project.org/package=PubMedWordcloud

[4] H. Wickham. ggplot2: Elegant Graphics for Data Analysis. Springer-Verlag New York, 2009.

[5] Ian Fellows (2014). Wordcloud: Word Clouds. R package version 2.5.https://CRAN.R-project.org/package=wordcloud

[6] Julia Silge, David Robinson. Text Mining with R A Tidy Approach [M]. O'Reilly Media; 1 edition .July 2, 2017.

[7] Karthik Ram (2017). rAltmetric: Retrieves Altmerics Data for Any Published Paper from 'Altmetric.com'. R package version 0.7.0. https://CRAN.R-project.org/package=rAltmetric

[8] Massimo Aria and Corrado Cuccurullo (2017). Bibliometrix: Bibliometric and Co-Citation Analysis Tool. R package version 1.6.http://www.bibliometrix.org

[9] Aria M, Cuccurullo C. bibliometrix: An R-tool for comprehensive science mapping analysis [J]. Journal of Informetrics, 2017, 11(4): 959-975.

[10] RobertI.Kabacoff. R语言实战 [M]. 北京：人民邮电出版社，2016.

[11] Silge J, Robinson D (2016). Tidytext: Text Mining and Analysis Using Tidy Data Principles in R. _JOSS_, *1*(3). doi: 10.21105/joss.00037

[12] 李杰．科学知识图谱原理及应用[M]. 北京：高等教育出版社，2018.

[13] 李杰．科学计量与知识网络分析[M]. 北京：首都经济贸易大学出版社，2017.

[14] 李杰，陈超美．CiteSpace：科技文本挖掘及可视化[M]. 北京：首都经济贸易大学出版社，2016.

[15] 李杰．安全科学知识图谱导论[M]. 北京：化学工业出版社，2015.

[16] 李杰等．安全科学技术信息检索基础[M]. 北京：首都经济贸易大学出版社．2014.

附　录

附录 1　R 科学计量核心代码

数据的加载和预处理

工具包和数据加载

```
library(bibliometrix) # 加载 bibliometrix 工具包
setwd("D:/safety culture")  # 设置工作目录
D <- readFiles("data1.txt","data2.txt")  # 读取数据文件 ,<- 表示赋值，等同于 =
safetyculture<- convert2df(D, dbsource = "isi", format = "plaintext") # 数据的转换 , dbsource 可以是 isi 或者 scopus
```

案例数据除重

```
library(bibliometrix) # 加载 bibliometrix 工具包
data(isiCollection)
data(scopusCollection)
M <- mergeDbSources(isiCollection, scopusCollection, remove.duplicated=TRUE)
```

自建数据的除重

```
library(bibliometrix) # 加载 bibliometrix 工具包
setwd("D:/isisafetyculture")   # 设置工作目录
```

```
A <- readFiles("data1.txt","data2.txt")
isisafetyculture <- convert2df(A, dbsource = "isi", format = "plaintext") # 数据的转换
setwd("D:/scopussafetyculture")   # 设置工作目录
B <- readFiles("scopus.bib")  # 读取数据文件
scopussafetyculture <- convert2df(B, dbsource = "scopus", format = "bibtex") # 数据的转换
M <- mergeDbSources(isisafetyculture, scopussafetyculture, remove.duplicated=TRUE)
dim(M)
```

描述性统计分析

文献计量分析

```
results <- biblioAnalysis(safetyculture, sep = ";") # 文献计量分析
summary(results, k = 10, pause = FALSE) # 描述性统计分析，K 为显示的结果数量

Tab <- tableTag(safetyculture, Tag = "DE", sep = ";") # 字段信息提取和描述性统计
Tab[1:5]
```

术语的提取方式

```
safetyculture<- termExtraction(safetyculture, Field = "TI",verbose=TRUE) # 从标题来提取术语
safetyculture<- termExtraction(safetyculture, Field = "AB", verbose=TRUE) # 从摘要来提取术语
safetyculture<- termExtraction(safetyculture, Field = "DE", verbose=TRUE) # 从关键词来提取术语
```

lotka 计算

```
results <- biblioAnalysis(safetyculture)
L=lotka(results)
L
```

LCS 的计算

```
results <- biblioAnalysis(safetyculture) # 文献计量分析
CR <- localCitations(safetyculture, results, sep = ";") #LCS 的计算
CR[1:10]
```

H 指数计算

```
Authors <- c("THOMAS E", "WAGNER C","ETCHEGARAY J") #H作者指数计算,$H
不显示作者文献列表
Hindex(safetyculture, Authors, sep = ";", years = 10)$H
```

关键词的时序分布，Tag 位置可以修改为其他字段（例如 WC）

```
topKW=KeywordGrowth(safetyculture, Tag = "ID", sep = ";", top=20,
cdf=TRUE)
topKW
```

结果的可视化

```
library(reshape2) # 加载 reshape2 工具包
library(ggplot2) # 加载 ggplot2 工具包
DF=melt(topKW, id='Year')
ggplot(DF,aes(Year,value, group=variable, color=variable))+geom_line()
ggplot(DF,aes(Year,value, group=variable,color=variable))+geom_
line(size=1)+geom_point(size=3, shape=21)
```

文献知识网络的网络分析

作者耦合网络分析

NetMatrix <- biblioNetwork(safetyculture, analysis = "coupling", network = "authors", sep = ";") # 作者耦合网络分析

S <- couplingSimilarity(NetMatrix, type="jaccard") # 计算 jaccard 相似性; 相似性测度方法可以为 jaccard 或 salton

net=networkPlot(S, n = 100, labelsize = 0.3, Title = "Authors' Coupling", type = "fruchterman", size=FALSE,remove.multiple=TRUE) # 网络可视化

文献的共被引分析

NetMatrix <- biblioNetwork(safetyculture, analysis = "co-citation", network = "references", sep = ". ") # 文献共被引网络分析

net=networkPlot(NetMatrix, n = 30,labelsize = 0.5,Title = "Co-Citation Network", type ="fruchterman", size=T, remove.multiple=T) # 网络可视化

关键词的共现分析

NetMatrix <- biblioNetwork(safetyculture, analysis = "co-occurrences", network = "keywords", sep = ";") # 关键词的共现分析

net=networkPlot(NetMatrix, n = 100, Title = "Keyword Co-occurrences", type = "kamada", size=T) # 网络可视化

概念结构图分析 –ID

CS <- conceptualStructure(safetyculture,field="ID",minDegree=10, k.max=5, stemming=FALSE,labelsize=7) # 概念结构分析

概念结构图分析 – ID_TM

CS <- conceptualStructure(safetyculture, field="ID_TM", stemming=TRUE, minDegree=5, k.max=5,labelsize = 7) # 通过 Keywords Plus 概念图绘制

概念结构图分析 – DE

CS <- conceptualStructure(safetyculture, field="DE", stemming= FALSE, minDegree=5, k.max=5,labelsize = 7) # 通过作者关键词概念图绘制

引文历史网络分析

histResults <- histNetwork(safetyculture, n = 15, sep = ". ") # 引文历史网络分析

net <- histPlot(histResults, size = FALSE) # 网络可视化

文献共被引网络分析

NetMatrix <- biblioNetwork(safetyculture, analysis = "co-citation", network = "references", sep = ". ") # 文献共被引网络分析

net=networkPlot(NetMatrix, n = 200,labelsize = 0.5, Title = "Co-Citation Network", vos.path = "D:/safety culture", type = "vosviewer", size=T, remove.multiple=T) #VOSviewer 网络可视化

附录 2　Web of Science 核心字段含义

Tag	含义	Tag	含义	Tag	含义
FN	文件名	ID	Keywords Plus, 补充关键词	PD	出版日期
VR	版本号	AB	摘要	PY	出版年
PT	出版物类型[1]	C1	作者地址	VL	卷
AU	作者	RP	通讯作者地址	IS	期
AF	作者全名	EM	电子邮件地址	SI	特刊
BA	书籍作者	RI	ResearcherID 号	PN	子辑
BF	书籍作者全名	OI	ORCID 标识符	SU	增刊
CA	团体作者	FU	基金资助机构和授权号	MA	会议摘要
GP	书籍团体作者	FX	基金资助正文	BP	开始页
BE	编者	CR	引用的参考文献	EP	结束页
TI	文献标题	NR	引用的参考文献数	AR	文献编号
SO	出版物名称	TC	被引频次	DI	数字对象标识符 (DOI)
SE	丛书标题	U1	使用次数（最近 180 天）	D2	书籍 DOI
BS	丛书副标题	U2	使用次数（2013 年至今）	PG	页数
LA	语种	PU	出版商	P2	章节数
DT	文献类型	PI	出版商所在城市	WC	Web of Science 类别
CT	会议标题	PA	出版商地址	SC	研究方向
CY	会议日期	SN	国际标准期刊号 (ISSN)	GA	文献传递号
CL	会议地点	EI	电子国际标准期刊号 (eISSN)	UT	入藏号
SP	会议赞助方	BN	国际标准书号 (ISBN)	PM	PubMed ID
HO	会议主办方	J9	29 个字符的来源文献名称缩写	ER	记录结束
DE	作者关键词	JI	ISO 来源文献名称缩写	EF	文件结束

[1] J= 期刊；B= 书籍；S= 丛书；P= 专利

附录 3　常用科学计量数据可视化工具

软件名称	开发者	功能描述
BibExcel❶	Olle Persson	科学计量与可视化前处理
BICOMB❷	崔雷等	矩阵的提取和统计（中文）
CiteSpace❸	Chaomei Chen	科学计量与可视化分析
VOSviewer❹	Van Eck, N.J 等	科学计量与可视化分析
SCI of SCI❺	Katy Börner 团队	科学计量与可视化分析
SciMAT❻	M.J. Cobo, A.G 等	科学计量与可视化分析
KnowledgeMatrix❼	韩国科学技术信息研究所	科学计量与可视化分析
RPYS i/o❽	Jordan Comins 等	文献时间谱分析
CitNetExplorer❾	Van Eck, N.J 等	引证网络及可视化
CRExplorer❿	Andreas Thor 等	数据转换及文献谱分析
HistCite⓫	Eugene Garfield	科学计量及引证网络
MATLAB 语言⓬	Giuseppe Cardillo	科学计量分析
Python 语言 -BibliTools⓭	sebgrauwin	科学计量分析

❶ BibExcel. http://homepage.univie.ac.at/juan.gorraiz/bibexcel/.

❷ BICOMB. http://www.cmu.edu.cn/bc/menu1.html.

❸ CiteSpace. http://cluster.cis.drexel.edu/~cchen/citespace/.

❹ VOSviewer. http://www.vosviewer.com/.

❺ SCI of SCI. https://sci2.cns.iu.edu/user/index.php.

❻ SciMAT. http://sci2s.ugr.es/scimat/.

❼ KnowledgeMatrix. http://mirian.kisti.re.kr/km/.

❽ RPYS i/o. http://comins.leydesdorff.net/.

❾ CitNetExplorer. http://www.citnetexplorer.nl/.

❿ CRExplorer. http://andreas-thor.github.io/cre/.

⓫ HistCite. http://science.thomsonreuters.com/scientific/m/HistCiteInstaller.msi.

⓬ MATLAB 语言 Bibliometrics: the art of citations indices. https://cn.mathworks.com/matlabcentral/fileexchange/28161-bibliometrics--the-art-of-citations-indices?s_tid=srchtitle.

⓭ Python 语言 -BibliTools. http://www.sebastian-grauwin.com/?page_id=427.

Python 语言 -metaknowledge❶	Reid McIlroy-Young 等	科学计量及其可视化
R 语言 -BIBLIOMETRIX❷	Massimo Aria 等	科学计量分析
R 语言 -CITAN❸	Marek Gagolewski	科学计量分析

❶ Python 语言 -metaknowledge. http://networkslab.org/metaknowledge/.

❷ R 语言 - BIBLIOMETRIX. http://www.bibliometrix.org/.

❸ R 语言 -CITAN. https://cran.r-project.org/web/packages/CITAN/.

附录 4　R 科学计量数据可视化工具包

工具包名称	工具包功能描述
bib2df	Parse a BibTeX File to a Data.frame
bibliometrix	Bibliometric and Co-Citation Analysis Tool
BibPlots	Plot Functions for JIF (Journal Impact Factor) and Paper Percentiles
bigrquery	An Interface to Google's 'BigQuery' 'API'
CITAN	CITation ANalysis Toolpack
corpus	Text Corpus Analysis
corrplot	Visualization of a Correlation Matrix
Diderot	Bibliographic Network Analysis
easyPubMed	Search and Retrieve Scientific Publication Records from PubMed
fbRads	Analyzing and Managing Facebook Ads from R
fulltext	Full Text of 'Scholarly' Articles Across Many Data Sources
gcite	Google Citation Parser
gender	Predict Gender from Names Using Historical Data
genderizeR	Gender Prediction Based on First Names
gofastr	Fast DocumentTermMatrix and TermDocumentMatrix Creation
googleway	Accesses Google Maps APIs to Retrieve Data and Plot Maps
graphTweets	Visualise Twitter Interactions
gtrendsR	Perform and Display Google Trends Queries
hindexcalculator	H-Index Calculator using Data from a Web of Science (WoS) Citation Report
LotkasLaw	Runs Lotka's Law which is One of the Special Applications of Zipf's Law

续表

工具包名称	工具包功能描述
leaflet.minicharts	Mini Charts for Interactive Maps
mpa	CoWords Method
nails-package	Network Analysis Interface for Literature Studies; R package version
plotGoogleMaps	Plot Spatial or Spatio-Temporal Data Over Google Maps
plotKML	Visualization of Spatial and Spatio-Temporal Objects in Google Earth
pubmed.mineR	Text Mining of PubMed Abstracts
PubMedWordcloud	'Pubmed' Word Clouds
rAltmetric	Retrieves Altmerics Data for Any Published Paper from 'Altmetric.com'
rwos	R interface to Web of Science Web Services API
Rfacebook	Access to Facebook API via R
roadoi	Find Free Versions of Scholarly Publications via the oaDOI Service
rplos	Interface to the Search 'API' for 'PLoS' Journals
rtweet	Collecting Twitter Data
scholar	Analyse Citation Data from Google Scholar
scientoText	Text & Scientometric Analytics
streamR	Access to Twitter Streaming API via R
tidyRSS	Tidy RSS for R
tidytext	Text Mining using 'dplyr', 'ggplot2', and Other Tidy Tools
tm	Text Mining Package
tm.plugin.alceste	Import texts from files in the Alceste format using the tm text mining framework
tm.plugin.dc	Text Mining Distributed Corpus Plug-In
tm.plugin.europresse	Import Articles from 'Europresse' Using the 'tm' Text Mining Framework

续表

工具包名称	工具包功能描述
tm.plugin.factiva	Import Articles from 'Factiva' Using the 'tm' Text Mining Framework
tm.plugin.lexisnexis	Import Articles from 'LexisNexis' Using the 'tm' Text Mining Framework
tm.plugin.mail	Text Mining E-Mail Plug-In
tm.plugin.webmining	Retrieve Structured, Textual Data from Various Web Sources
tmap	Thematic Maps
tmaptools	Thematic Map Tools
tmcn	A Text Mining Toolkit for Chinese
topicmodels	Topic Models
tweet2r	Twitter Collector for R and Export to 'SQLite', 'postGIS' and 'GIS' Format
wordcloud	Word Clouds
wordcloud2	Create Word Cloud by htmlWidget
zipfR	Statistical Models for Word Frequency Distributions

注：使用时需要安装并加载，例如安装并加载 BibPlots 的方式为：

install.packages("BibPlots") # 安装工具包

library(BibPlots) # 加载工具包

索 引